채권투자 하기 전에
꼭 알아야 할 것들

채권투자 하기 전에
꼭 알아야 할 것들

초판 1쇄 2013년 8월 26일
  6쇄 2022년 12월 12일

지은이 심기원 · 우선미
펴낸이 설응도   **편집주간** 안은주
영업책임 민경업

펴낸곳 라의눈

출판등록 2014 년 1 월 13일 (제 2019-000228 호)
주소 서울시 강남구 테헤란로 78 길 14-12(대치동) 동영빌딩 4층
전화 02-466-1283   팩스 02-466-1301

문의(e-mail)
편집 editor@eyeofra.co.kr
마케팅 marketing@eyeofra.co.kr
경영지원 management@eyeofra.co.kr

ISBN : 978-89-93174-36-6 13320

이 책의 저작권은 저자와 출판사에 있습니다.
저작권법에 따라 보호를 받는 저작물이므로 무단전재와 복제를 금합니다.
이 책 내용의 일부 또는 전부를 이용하려면 반드시 저작권자와 출판사의 서면 허락을 받아야 합니다.
잘못 만들어진 책은 구입처에서 교환해드립니다.

채권으로 돈 번 사람들만 아는 실전 투자비법

채권투자 하기 전에 꼭 알아야 할 것들

• 심기원 · 우선미 지음 •

라의눈

■ 이 책을 읽기 전에

요즘 사람들의 최대 관심사는 무엇일까? 바로 안정적으로 꾸준히 잘 사는 것이다. 고령화다, 평생직장이 없다, 청년실업이다, 사회적인 문제가 부각이 되면서 이제는 대박을 내는 투자 그리고 한 번에 인생을 역전하는 그런 투자에 대한 기대보다는 꾸준히 수익을 내고 현금을 창출해 주는 투자에 대한 갈망이 커지고 있는 상황이다.

어떤 이들은 투자에 대해서 두려움을 가질 것이고, 어떤 이들은 투자를 통해서 큰 수익을 내고 자신감에 차있을 것이며, 또 어떤 이들은 큰 실패를 통해서 다시는 투자를 하지 말아야겠다는 생각을 할 것이다. 그러나 투자를 시작하는 이들도, 투자로 성공과 실패를 맛본 이들도 '그래도 투자를 해야 한다'는 데에는 이견이 없을 것이다. 투자는 이렇게 꼭 해야 하는 것이니, 누군가 우리가 원하는 투자에 대한 해답을 주기를 간절히 바라게 되는 것이다.

이 책은 이제 막 투자를 시작하려고 하는 이들에게는 투자의 큰 틀을 제시해주는 입문서로, 투자 성공으로 자신감을 가진 이들에게는 더 정교한 스킬과, 자신감이 자만심이 되지 않도록 해주는 지침서가 될 것이다. 또 투자에 실패해 의기소침해 있는 이들에겐 전화위복의 계기가 되어줄 것이다.

이제 채권투자는 개인투자자들에게도 낯설지 않은 투자 상품이 되었다. 그만큼 개인투자자들이 채권투자를 할 수 있는 시스템이나 환경이 갖춰졌고, 금융기관에서도 개인투자자들을 대상으로 공격적인 마케팅을 하고 있기 때문이기도 할 것이다. 그러나 무엇보다도 물가상승률에도 못 미치는 저금리로 인해 '돈이 돈을 버는 구조'가 더 이상 어려워진 상황에서 새로운 투자 대안으로 부각되고 있기 때문일 것이다.

은퇴자금 운용에 있어서도 채권을 빼놓고는 이야기할 수 없게 되었다. 베이비부머의 은퇴가 가시화 되고 있는 요즘, 채권으로 돈이 몰리고, 돈이 몰리니 개인투자자를 위한 채권 발행이 줄을 잇고 있다. 우리는 이제 본격적인 채권투자의 대중화 시대에 발을 들여놓은 것이다.

그러나 아직까지도 많은 사람들은 채권투자에 대해 너무 단순하게 생각하고 있는 것이 사실이다. 주식투자를 할 때는 경제 지표를 공부하고 기업 상황을 분석하지만, 채권투자는 그저 안전하다는 생각으로 그런 적극적인 자세를 보이지 않는다. 채권투자가 상대적으로 안전하기는 하지만, 그 역시 잘못된 투자로 손실을 입을 가능성이 있다는 사실을 모르고 있다. 채권에 있어 묻지마 투자가 성행하고 있는 이유이다. 이 책은 우리가 채권투자를 꼭 해야 하는 시대에 살고 있음을 일깨우고, 자신의 소중한 자산을 잃지 않으면서 수익을 극대화할 수 있는 정확한 투자의 방향을 제시해 주기 위해 집필되었다.

물론 투자에 있어서 정답은 없다. 하지만 정답을 찾아가기 위한 길의 방향은 분명히 존재한다. 필자들은 그 동안 투자 시장에서 성공에 대한 희열과 실패에 대한 아픔을 겪으면서 얻은 경험과 노하우를 토대로 채권투자에 대한 정확한 지도를 그려주고자 한다.

그저 일반적인 이론과 누구나 할 수 있는 뜬구름 잡는 얘기가 아닌, 실제 투자에 있어서 가져야 할 마음가짐과 상황에 따른 전략, 그리고 누구도 얘기해주지 않는 위험에 대한 대비책까지 솔직하게 모든 것을 이 책에 담았다. 그래서 자신있게 '이 책이 새로운 출발을 하는 이에게는 든든한 동반자가 되어 줄 것이고, 이미 투자를 하고 있는 사람에게는 그 투자에 대한 성과를 안정적으로 키워 나가게 해줄 든든한 지렛대가 되어 줄 것'이라고 말할 수 있다.

책을 덮는 순간 잊혀지는 것이 아니라, 앞으로 투자를 하는 순간순간마다 올바른 방향을 제시해주는 등대의 역할을 해주기를 간절히 바란다.

2013년 8월
심기원 · 우선미

차례

■ 이 책을 읽기 전에 5

1장 채권투자의 숨겨진 매력

1 재테크의 길을 잃은 당신에게 13
2 부자들은 왜 채권을 좋아할까? 18
3 은행도, 주식도, 부동산도 아닌 이유 22
4 채권, 빨리 할수록 좋은 이유 31
5 꿈이 있다면, 지금 당장 채권을 시작하라 36

2장 채권 기본기 마스터하기
쉽고 재미있게 배우는 채권의 모든 것

1 나는 채권이다 43
2 채권의 종류는 많고, 투자 기회도 많다 47
3 채권의 수익률이 궁금하다 55
4 채권도 시장에서 거래된다 68
5 신용등급을 모르고 채권을 말하지 말라 76
6 채권도 세금 낸다 79

3장 채권투자 실전 전략
좋은 채권 고르기부터 수익 내기 비법까지

1 채권투자, 첫 단추를 꿰어라 85
2 좋은 채권 고르는 법 88
3 채권에게 투자기간이란 95

4 치고 빠지는 단기투자 101
5 채권도 적립식으로! 101
6 채권으로 매월 이자 받기 118
7 후순위채권의 치명적 매력 122
8 채권 반, 주식 반 양다리 투자법 127
9 채권, 간접투자로 수익 내기 132
10 KOFIS BIS 완전정복 139

4장 전문가도 모르는 채권투자 핵심 노하우

1 더 좋은 채권, 더 싸게 사는 비법 147
2 세금 덜 내고, 수익률 더 올리기 154
3 이머징 마켓 투자전략 164
4 요즘 뜨는 HOT한 채권 172
5 채권도 분산투자하라 181

5장 유비무환 채권 리스크 관리하기

1 채권 투자정보 옥석 가리기 191
2 신용등급은 반만 믿어라 199
3 절대 투자해서는 안 될 채권 202
4 불황에도 호황에도 돈 버는 투자법 206
5 채권에 영향을 주는 경제 지표 215
6 채권투자의 돌발 악재 222
7 부자를 예약하는 채권·주식 포트폴리오 227

채권투자자를 위한 특급 조언
지금까지 아무도 해주지 않았던 채권 이야기

1 누가 원금 보장이 된다고 했나? 235
2 대기업도 망하려면 망한다 243
3 국채라고 무조건 믿어서는 안 된다 250
4 묻지마 해외채권 투자는 더 위험하다 253
5 채권시장에도 공포심리가 존재한다 258
6 기준금리 모르고 채권투자 하지 말자 261
7 정부와 한국은행은 엄연히 다른 존재다 264
8 정부는 채권시장이 무너지도록 놔두지 않는다 267
9 무기명 채권은 왜 그렇게 시끄러운가? 270
10 채권 가격이 내려도 수익 내는 방법이 있다 273
11 STX 사태가 전화위복이 되다 275

■책을 마무리하며 278

1장

채권투자의 숨겨진 매력

채권투자·하기·전에·꼭·알아야·할·것들

1
재테크의 길을 잃은 당신에게

｜내 돈이 가야 할 곳은 어디인가?

샐러리맨이든 자영업자든 모두가 살기 어렵다고 하는 시대다. 용돈과 생활비를 한 푼 두 푼 아껴서 통장을 만들고, 집 평수를 넓혀가기 위해 저축을 하던 시대는 그리움 속에 저물었다. 오르는 기름 값에 사교육비에 갈수록 씀씀이는 커지는데, 수입은 늘어날 기미가 보이지 않는다. 그렇다고 자포자기하고, 버는 만큼 다 쓰고 될 대로 되라는 심정으로 살 수도 없는 노릇이다.

그렇다면 도대체 어떻게 해야 할까? 우리는 저마다 미적분보다 어렵고, 삼각함수보다 골치 아픈 문제에 직면해 있다. 이럴 때일수록 '기본으로 돌아가라.'는 훌륭한 격언을 떠올릴 필요가 있다. 재테크의 기본은 지출을 줄이거나, 수익을 늘여야 한다는 것이다. 가장 쉽게 생각할 수 있는 것이 지출을 줄이는 것이다. 듣기 좋은 말로 '계획적인 지출'이라고 하지만, 사실은 하고 싶은 것 못 하고 먹고 싶은 것 못 먹는 것이다. 그런데 문제는 우리에게 더 이상 줄일 지출 내역조차 남아 있지 않다는 것이다.

줄일 게 없으면 벌어야 한다, 즉 투자라는 막다른 길뿐이다. 투자란 돈을 굴려서 돈의 가치를 높이는 행위라고 들었을 것이다. 퍼뜩 떠오르는 것이 주식과 부동산이다. 참 말도 많고 탈도 많은 주식이란 놈은 되기만 하면 대박인 것이 확실한데, 아무리 둘러봐도 주식으로 돈 벌었다는 사람들이 없다. 기업들은 저마다 글로벌 경기 침체와 저성장 시대를 그야말로 온몸으로 버티고 있으니, 하루아침에 경기가 좋아질 리가 만무하다. 직장인들이 하루 온종일 스마트폰에서 눈을 못 떼고 노심초사하는 대가는 참담한 수준이란 것이다.

임대사업은 또 어떨까? 오피스텔이나 상가 하나 장만해 임대료나 챙기면 얼마나 좋을까란 환상 역시, 얼어붙은 부동산 시장에서 깨진 지 오래다.

마지막 남은 은행 예금의 꿈은 저금리가 빼앗아 갔다. 남의 나라 얘기인 줄만 알았던 제로 금리의 공포가 벌써 코앞까지 다가왔다. 어지간하면 버텨줄 줄 알았던 3% 금리의 벽이 무너졌다. 듣도 보도 못한 저금리 시대가 도래한 것이다. 당황한 투자자들은 재테크의 방향 감각을 상실하고, 우왕좌왕하기 시작했다.

저금리시대, 채권의 인기가 치솟고 있다

미국과 일본 그리고 유럽까지 이른바 선진국들이 앞다퉈 화폐 윤전기를 돌리고 있다. 자국의 통화가치를 낮춰 수출경쟁력을 확보하고자 하는 노력이 이어지면서 각국은 경쟁적으로 금리 인하 카드를 꺼내들고 있다. 일본의 공격적 금리 인하에 이어 2013년 5월에는 ECB가 기준금리를 인하하였다. 풍부해진 유동성으로 인해 기준 금리는 실질적으로 마이너스를 기록하는 상황이 전개되고 있으며, 이러한 시대적인 흐름은 꽤 오랫동안 이어질 것으로 전망된다.

재테크에 성공하는 사람들은 언제나 시대 상황을 한발 먼저 읽은 사람들이다. 어떤 투자상품이든 장단점이 있기 때문이다. 3년 전에는 최적의 투자상품이 현재는 최악의 투자상품이 될 수도 있기 때문이다. 경제 현실과 동떨어진 투자를 한다면 결코 수익을 창출할 수 없다.

이런 전제를 머리에 담고 컴퓨터를 켜자. '저금리'와 '투자'란 키워드를 가지고 검색을 해보자. 다양한 기사들과 정보들이 넘쳐날 것이다. 그런데 특이하게도 '채권'이라는 연관 정보가 눈에 띌 것이다.

주식도 아니고 부동산도 아니고 은행예금도 펀드도 아닌, 채권이 왜 검색되어 나올까? 사람들의 재테크 순위에서 밀려나 있는 채권이 어떻게 저금리와 관련이 있다는 걸까?

자, 그렇다면 우선 채권이 무엇인지부터 간단하게 짚고 넘어가자. 채권이란 쉽게 말해 차용증이다. 채권을 발행한 주체가 언제까지 얼마의 이자를 쳐서 그 빚을 갚겠다고 약속한 빚 문서란 말이다. 즉 채권에 투자하는 순간, 투자기간이 정해지고 내가 받게 될 이자가 확정된다.

금리가 하향하는 추세에서 투자자들은 일정 기간 동안 확실한 이자를 받고자 하는 욕구가 강해진다. 미국 국채, 독일 국채 등 최고의 안전자산으로 여겨지는 채권 상품들은 표면금리가 제로라고 해도 돈이 몰리고 있다. 실질 금리가 플러스임은 물론, 그 수익 폭도 은행 예금과는 비교가 되지 않기 때문이다.

표면금리는 뭐고, 실질 금리는 뭘까 고민할 필요는 없다. 다음 장에서 자세하게 설명이 될 것이니 채권이 그만큼 매력적이라는 사실만 알고 넘어가면 된다.

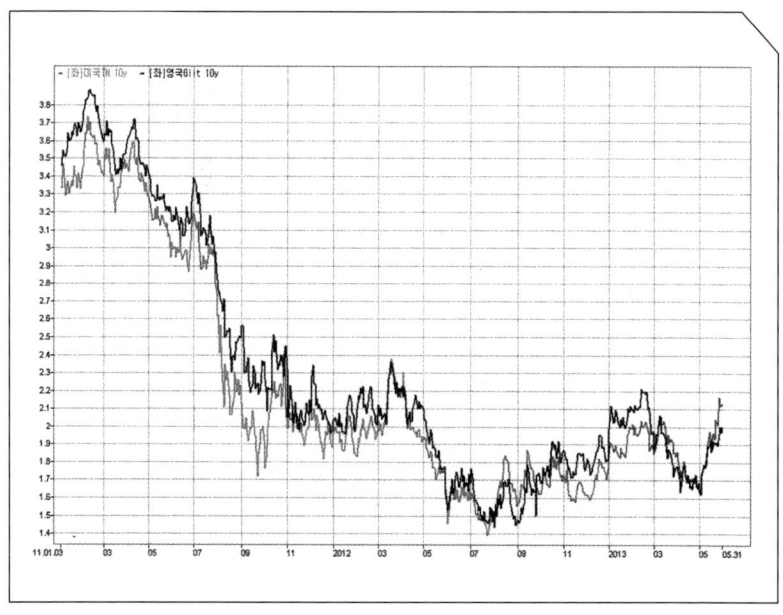

■ 미국과 영국의 금리하락, 즉 채권 가격 상승 그래프

채권의 가치는 항상 금리와 정반대로 움직인다. 특정 시점에 특정 금액을 받을 수 있는 채권의 가치는 현 시점과 비교해 금리가 내려갈 것이 예상되면 올라가고, 그 반대의 경우엔 내려가는 것이 당연하다. 시대의 흐름을 읽는다면, 절대 채권을 외면해서는 안 될 이유가 바로 이것이다.

2
부자들은 왜 채권을 좋아할까?

부자들은 확실한 것을 좋아한다

부자들이 가장 선호하는 투자 상품이 무엇일까? 또 부자를 만들어주는 재테크는 무엇일까? 이 문제의 해답을 알려면 부자들의 성향이 어떤지 살펴보아야 할 것이다.

부자들이 돈을 버는 데는 다 이유가 있다. 자신들의 돈을 지키는 데 있어서는 지독할 만큼 꼼꼼하고 철저하다. 버는 것보다 지키는 것을 훨씬 더 중요하게 생각한다는 의미이다. 그런 부자들이 불확실성을 싫어하는 것은 당연하다.

물론 자금 크기, 투자 성향, 투자 기간 등 다양한 요소에 의해 좌우되겠지만, 원금 손실 가능성을 최대한 줄이면서 옵션 개념으로 투자의 성과를 높일 방법을 찾는다는 것이 부자들의 공통점일 것이다.

주식투자의 대가 워렌버핏의 투자철학은 '돈을 많이 벌자.'가 아니라 '원금을 잃지 말자.'란 사실을 잊어서는 안 된다. 원금을 잃으면 투자할 수 있는 자금력이 작아지고, 최초에 목표한 수익을 내기 위해서는 더 높은 수익률을 거두어야 한다. 더 높은 수익률을 내려면 더 높은 리스크를 감수해야 한다. 이것이 부자가 아닌 사람들의 투자 악순환이라 할 수 있다. 불확실성에 투자한다는 것은 투자의 성공 확률이 더 가파르게 낮아진다는 것을 의미한다.

이러한 부자들의 성향으로 보았을 때 안정적 수익성을 확보하는 투자에 있어서 단연 채권투자만한 것이 없다. 채권에서 나오는 안정적인 이자 수입을 통해 어느 정도의 투자 성과를 만든 후에 약간의 공격성을 더한 투자로 초과 수익을 노리는 전략을 구사하는 것이다.

부자들은 꾸준히 버는 것을 좋아한다

주변에서 주식으로 큰돈을 벌었다고 거들먹거리는 사람들을 쉽게 볼 수 있다. 그런데 정확하게 표현하자면 '큰돈을 번 것'이 아니라 '큰돈을 벌었던 적이 있는 것'이다.

어떤 재테크든지 한두 번 버는 것은 쉬울 수 있다. 진짜 어려운 것은 1년, 혹은 10년, 아니 평생 꾸준히 버는 것이다. 그리고 이 어려운 일을 해낸 사람들에게 붙는 영광스러운 작위가 바로 '부자'다.

일반인들은 투자를 하면서 실패할 것을 생각하지 않는다. 그러나 부자들은 자신이 언제든 실패할 수 있다고 생각한다. 아무리 확실하게 투자를 한다 해도 100% 성공을 보장할 수는 없기 때문이다. 그들은 절대 재기 불능일 정도의 투자를 하지 않는다.

투자를 하든, 사업을 하든 어떤 일에 대해 꾸준한 성과가 확정된 상황에서 공격적인 투자를 하는 것과 그렇지 않은 상황을 비교해 보자. 실패할 경우 받을 타격에 대해 어느 정도 계산이 되어 있고, 그에 대한 대응전략까지 준비를 한 사람은 설사 실패를 하더라도 심리적, 재정적으로 금방 회복이 가능하다. 재테크에 실패하지 않아서 부자가 된 것이 아니라, 실패 이후에 발빠른 대응전략을 세워서 부자가 된 것이다.

부자들이 채권을 선호하는 이유는 설사 실패를 하더라도 버틸 수 있는 뚝심을 길러주는 투자 상품이기 때문이다. 재테크는 장기전이며, 이 전투에서 승리하기 위해서는 기초체력이 중요하고, 채권이 그 역할을 해줄 것이다.

부자들은 작은 차이에 주목한다

작은 차이가 명품을 만든다는 얘기가 투자에도 그대로 적용된다. 일반인들은 채권 수익률이 도무지 성에 차지 않는다며, 펀드니 주식이니 부동산을 기웃거린다. 그러나 투자는 투기가 아니다. 시장 대비 얼마만큼의 플러스 수익률을 안정적으로 창출하느냐가 무엇보다 중요하다는 얘기다. 그것이 재테크의 성공과 실패를 가르는 분기점이다. 원금의 몇 배로 부풀리고 싶다고 무턱대고 위험 자산에만 투자한다면, 실패로 가는 문으로 들어선 것이다.

　최근 저금리 기조 속에서 기준 금리는 상당히 낮아졌지만 해외 각국들은 국가 신용등급 변화에 따라 활발하게 고수익 국채 발행을 하고 있다. 또 지속되는 불경기로 인해 기업들의 자금난이 심화되면서 고금리를 주는 회사채들 역시 많이 발행되고 있다. 단순히 안전성만 강조되던 채권투자가 아니라 시장 대비 높은 수익성을 낼 수 있는 고수익 투자상품으로서의 매력도 높아지고 있다.

　아직도 채권투자는 기관이나 큰손들의 전유물이며, 소액 투자자들에겐 오르지 못 할 나무라고 생각하는 사람들이 많다. 하지만 반대로 생각해 보자. 우리가 상상하지 못할 크기의 자금들이 움직이는 채권시장에서 세계의 큰손들과 함께 돈의 흐름을 읽고 투자를 한다면 생각보다 훨씬 안전하고 수익성 높은 투자를 할 수 있다는 의미로 바뀔 수도 있다.

　돈이 모여 있는 곳에 돈을 벌 기회가 있다는 것은 투자의 진리다. 큰 자금이 움직이는 시장이라고 외면한다면 돈을 벌 기회를 놓치는 바보짓을 하는 것이다.

3
은행도, 주식도, 부동산도 아닌 이유

은행은 믿는 도끼, 발등 찍히기 쉽다

많은 사람들이 재테크 하면 은행의 예금과 적금을 떠올린다. 그러나 옆 나라 얘기로만 알았던 제로 금리 상황이 우리 눈앞에 펼쳐지고 있다. 물가상승률을 감안한다면 실질적인 제로 금리, 혹은 마이너스 금리 상태로 진입한 상황이다. 은행 통장에 찍힌 쥐꼬리보다 많이 짧아 보이는 세후 이자는 투자자들의 한숨만 나오게 하고 있다.

더군다나 세상이 무너져도 은행은 믿을 수 있다는 통념이 깨진지도 오래다.

"설마 은행이 사기 치겠어?" "은행은 절대 망하지 않을 거야."

저축은행은 말할 것도 없고 메이저 은행들까지 얼마나 많은 사기를 쳐왔는지 우리는 언론 보도를 통해 익히 들어 왔다. 또한 하느님처럼 믿었던 은행들이 하루아침에 문을 닫거나, 다른 은행에 인수되는 사례를 익히 경험해 왔다. 은행은 자선사업가가 아니고, 영리를 목적으로 하는 사업체임을 잊어서는 안 된다는 말이다.

은행의 수익구조는 아주 단순하다. 예금하는 사람에겐 싼 이자를 주고, 대출하는 사람에겐 비싼 이자를 받으면 그 차액, 즉 예대 마진이 생기고 그것이 은행의 최대 수익이다.

이렇게 돈을 맡아주고 빌려줄 때의 금리 기준이 되는 것이 한국은행에서 매달 정하는 '기준금리'다. 기준금리에 의해 모든 금융 거래의 이자율이 오르락 내리락 하는 것이다.

그런데 이상한 것은 이 기준금리가 올라가면 대출금리는 토끼처럼 올라가는데, 예금금리는 느려터진 거북이처럼 올라간다는 사실이다. 그리고 대출금리가 오르는 폭과 예금금리가 오르는 폭이 다르다. 누군가 중간에서 부당이득을 취한 것이 확실하다.

"기준금리가 올라서 앞으로 내셔야 할 돈이 늘어났습니다."라는 전화는 받아 봤어도 "기준금리가 올라서 앞으로 받으실 돈이 더 늘어났습니다."라는 안내는 받은 적이 없을 것이다. 물론 일부의 아주 착한 사람들은 "당연히 그렇지. 돈 더 주고 싶어 하는 사람이 어디 있겠어."라고 변호까지 해준다. 그러나 아직까지 사람들이 은행에 대해 갖는 신뢰가 절대적이라는 사실을 기억한다면 그것을 이용해 의심받지 않고 자기 욕심을 채운다는 의심을 지울 수 없다.

결론적으로 은행 예금은 오르는 기준금리만큼도 이득을 취할 수 없는 가혹한 투자상품임을 기억해야 할 것이다.

■ 은행예금과 채권의 차이

구분	채권	예금
만기일	있음	있음
투자기간	선택 가능	선택 가능
중도해약	가능하나 원금 손실 위험	가능하며 원금 보전
신용도	채권 발행자의 신용	은행의 신용도
분리과세	만기 10년 이상 채권에 한해 가능	불가능
예금자보호	안 됨	1인당 5,000만 원

개인투자자는 주식으로 절대 못 번다

똑똑한 사람들을 바보로 만들고, 비상식이 상식을 밀어내는 곳이 바로 주식시장이다. 상식적으로 봐서 개인투자자가 주식시장에서 돈을 벌 확률은 낮다. 낮아도 너무 낮다. 왜 그러냐고 반문하는 사람들을 위해 예를 들어 보겠다.

지금 3명이 한 테이블에 앉아 게임을 하고 있다.

A는 오랜 기간 이 게임을 해왔기 때문에 실패도 하고 성공도 해 본 경험이 풍부하다. 상황에 대해 대처하는 능력도 뛰어나고 여러 가지 변수를 컨트롤 할 수 있는 그야말로 실력자다. B는 경험은 많지 않지만 풍부한 자금력이 자랑이다. 자금에 있어서라면 며칠 밤을 새면서 계속 돈을 잃어도 갈 데까지 가보자고 끝까지 밀어붙일 수 있는 파워맨이다. C는 경험도 적고 돈도 적다. 가진 것이라곤 무모한 도전 정신밖에 없다.

게임은 하루 이틀로 승패를 보는 것이 아니라 장기전이다. 누가 최후의 승자가 될 것인가? 그 누구라도 C를 택하지는 않을 것이다. 그러나 주식투자를 하게 되면 사람들은 모두 집단최면에 걸린 듯 이런 상식을 외면하게 된다. C가 돈을 벌 수 있다고 생각하는 것이다. 위에서 예를 든 A를 외국인과 외국기관, B를 국내기관, C를 개인투자자라고 보아도 무방할 것이다.

2012년 9월 15일자 한 경제신문에 실린 '개미의 눈물'이라는 기사를 살펴보자. 2012년 총선을 앞두고 테마주 투자에서 개인이 1조 5,000억 원 이상 손실을 봤다는 것이다. 특히 단기간에 주가를 올려 많은 이익을 챙기는 테마주 투자에서는 자금력과 실력이 미약한 개인들은 백전백패일 가능성이 높다.

주식시장에서 개인투자자는 구조적으로 불리한 위치에 놓여 있다. 자금력과 실력뿐 아니라 정보력에 있어서도 상대가 되지 않는다. 보다 많은 자금을 끌어들여야 하는 기업은 큰손들에게 적극적으로 정보를 흘린다. 개인투자자들이 술 사주고, 발품 팔아서 겨우 얻는 정보들을 외국인과 기관들은 앉아서 얻는다. 그것도 아주 정확한 정보를…

이것이 이른바 '정보의 비대칭 현상'이다.

이런 이유로 개인 투자자의 수익률은 항상 시장 평균 수익률을 밑돌게 된다. 가끔 평균 이상일 때도 있지만 돈 맛을 본 개인들은 근거 없는 자신감으로 무리한 투자를 감행하다가 더 큰 손실을 보게 된다. 혹은 하락 사이클을 감지하지 못해 그나마 벌었던 돈을 홀랑 까먹는 경우도 비일비재하다. 개인투자자들이 주식시장에서 돈을 벌겠다고 하는 것은 야구연습장에서 연습한 실력으로 프로야구 선수들과 한판 붙어보겠다고 하는 것과 다르지 않다는 것이다.

■ 주식과 채권의 차이

구분	주식	채권
발행자	주식회사	정부, 지방자치단체, 특수법인, 주식회사
투자자의 지위	주주	채권자
자본조달 방법	자기 자본	타인 자본
증권의 존속기간	영구적	영구채권 제외하고 기한부
원금상환 의무	없음	있음
가격변동 위험	크다	상대적으로 적다
투자자의 권리	배당받을 권리	확정이자를 받을 권리

양치기 소년으로 전락한 펀드, 이제는 사양산업이다

2007년경 증권사 창구는 펀드에 가입하려는 사람들로 인산인해를 이루었다.

국내뿐 아니라 브릭스, 친디아 등 신흥 이머징 마켓에 투자하는 해외 펀드까지 나오면서 그야말로 증권사로 뭉칫돈이 몰리던 시절이었다. 그런데 어느 순간, 펀드 시장은 조용해졌다. 완전히 죽은 것은 아니지만 거의 겨울잠을 자는 양상이다.

펀드는 왜 사양산업이 되었을까? 우선 펀드의 구조상 시장에서 평균수익률을 뛰어넘기가 힘들다는 것을 알아야 한다. 펀드는 자본시장통합법 등 여러 가지 법에 의해 규제를 받는다. 자금의 정해진 비율 이상으로 매매를 해서는 안 되고, 시가총액 얼마 이하는 매매를 못하는 등 펀드마다 다르기는 하지만 규제로부터 자유로울 수가 없다. 펀드매니저가 자신이 원하는 대로 운용하기가 어렵다는 것이다.

투자자들은 OO펀드라는 간판을 보고 투자하는데 정작 그 펀드를 운용하는 펀드매니저는 실적에 따라 자주 교체되는 경우가 많아 투자 스타일이 자주 바뀌고, 수익률을 유지하기도 어려운 상황이 벌어진다. 또한 워낙 많은 자금이 들어가다 보니 수익 실현을 위해 매도를 할 때 시세의 하락 압력으로 작용하게 되는 경우가 많다. 같은 펀드에 가입한 고객이라도 먼저 파는 고객으로 인해 유지하고 있는 고객이 손해를 보는 구조를 가지고 있는 것이다.

이렇듯 규제와 투자 스타일의 잦은 변화 등으로 인해 어느 정도 수익률을 내는 것은 가능하지만 시장 평균수익률, 즉 인덱스 대비 큰 수익을 내지는 못하는 것이다. 상승장의 경우에 투자사들은 수익률에 실망하게 되고, 하락장의 경우에는 제대로 방어를 하지 못 해 더 큰 실망을 하게 되는 것이다.

물론 펀드가 무조건 나쁘다는 것은 절대 아니다. 펀드만의 장점도 분명히 있다. 하지만 무조건적인 맹신으로, 혹은 바람에 편승해 잘못된 투자를 하지 않아야 한다는 점을 명심해야 한다.

수익형 부동산 자금이 채권시장으로 몰려온다

우리나라에서 부동산은 언제나 최고로 매력적인 투자 수단이다. 좁은 땅덩어리란 지리적 특성뿐 아니라 눈에 보이는 실물에 투자한다는 데 매력을 느끼는 투자자가 많기 때문이다. 주식은 휴지가 되지만 부동산은 그럴 일이 절대로 없다는 것이다.

하지만 우리는 IMF를 거치면서 부동산이 애물단지가 될 수도 있음을 체험했다. 최근의 저출산 풍조와 하우스 푸어 사태도 예사롭지 않다. 감가상각비에 보유세 부담은 늘어나고, 수요보다 공급이 넘치는 현 상황을 보면 부동산이 투자의 왕좌를 물려줄 때가 되었다는 생각이 들 정도다. 그러나 아직도 많은 사람들이 수익형 부동산에 대한 환상을 가지고 있다. 직장인들이 피 같은 돈이라고 표현하는 봉급과 비교하면 달달이 통장에 입금되는 임대료 수익은 불로소득에 가깝게 느껴진다.

수익형 부동산이라 하면 상가와 오피스텔이 대표적인데, 상가는 최근 죽어가는 시장이 되고 있다. 대기업들이 골목 상권까지 장악하면서 수익성이 악화되었기 때문이다. 장사가 잘되어야 권리금이나 월세를 올릴 수 있는데, 창업하는 사람만큼 폐업하는 사람이 존재하는 것이 현실이다. 좋은 상권이라는 프리미엄도 영원하지 않다. 10년 전 전성기의 꼭지점을 찍었던 압구정동 상권의 오늘을 보면 쉽게 수긍할 것이다. 압구정에서 신사동 가로수길로, 신촌에서 홍대로, 홍대에서 다시 건대로 핵심 상권은 계속 이동하고 있다.

그런데 죽어가는 부동산 시장에서 투자자의 관심을 한몸에 받고 있는 것이 바로 오피스텔이다. 오피스텔의 장점은 투자금액 대비 은행예금을 훨씬 상회하는 수익률일 것이다. 특히 저금리 기조가 고착되면서 오피스텔이 투자 대안으로 떠오르고 있다. 그런데 과연 그럴까?

오피스텔을 최초의 분양 상태와 같이 온전하게 보전하기 위해서는 끝없이 돈이 들어간다는 사실을 잊어서는 안 된다. 훼손에 대한 보수 비용 및 관리에 따른 비용을 말한다. 또한 세금 부담도 만만치가 않다. 여기에 세입자와의 갈등 등 눈에 보이지 않는 스트레스도 추가된다.

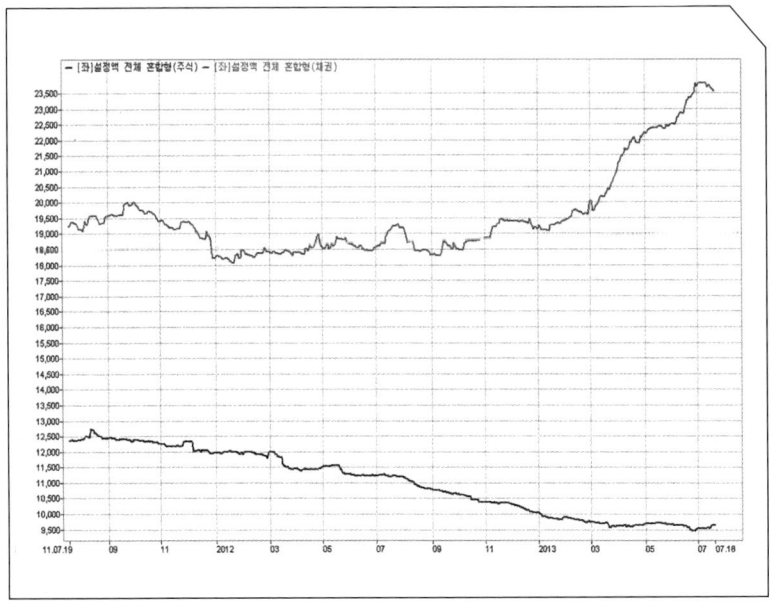

■ 주식 혼합형 및 채권 혼합형 상품 설정액 추이

오피스텔 수익률이 5%라고 했을 때, 순수익이 5%라고 생각하면 오산이다. 눈에 보이지 않는 비용까지 충분히 고려해야 하는 것이다.

이러한 상황 속에서 부동산 자금이 채권시장으로 들어오고 있다. 우리나라 가계와 기업의 자산 중 가장 큰 비중을 차지하는 부동산 자금이 채권시장으로 몰린다는 것은 큰 의미를 가진다. 단기 채권 투자의 경우 매일 이자가 붙어나며, 표면 이자율보다 실질 이자율이 더 높다는 점을 감안하면 오피스텔과 채권의 수익률은 게임이 되지 않는다. 이뿐만 아니라 세금 및 관리 비용에 대한 부담도 채권 투자가 훨씬 유리하다. 자세한 내용은 다음 장에서 차근차근 배워보도록 하자.

4
채권, 빨리 할수록 좋은 이유

채권에 빨리 눈 뜬 사람의 특권

채권투자는 언제 시작하는 것이 좋을까? 정말 바보 같은 질문이 아닐 수 없다. 좋은 것을 미룰 필요는 전혀 없다. 결론은 빠르면 빠를수록 좋다는 것이다.

모든 재테크의 목표는 예금 금리보다 높은 수익률을 얻는 것이다. 채권을 통해 고금리로 자금을 운용한다면 복리 효과에 의해 시간이 갈수록 무시할 수 없는 수익률의 차이를 누릴 수 있다는 것이다.

채권투자에서 가장 중요한 것은 좋은 채권을 신속하게 매수해야 한다는 것이다.

채권은 물량이 한정되어 있으므로, 언제든지 살 수 있는 것이 아니다. 좋은 채권일수록 수요가 많기 때문에 돈이 있어도 못 사는 경우가 발생한다. 즉 채권에 빨리 눈을 뜬 사람은 채권에 대한 매력도와 위험성을 분석할 수 있는 능력을 키울 수 있다는 것이다. 물론 그러한 능력을 가진 전문가들의 도움을 받을 수는 있겠지만 스스로 판단할 수 있는 능력은 기본으로 갖춰야 좋은 채권을 매수할 수 있다.

좋은 채권이란 안정성 대비해 높은 금리가 형성이 되어 있는 것이므로, 단순히 절대적인 수익률로 평가할 수 없음이다. 또한 단순히 특정 기업이나 국가의 상황이 아니라 거시적인 경제의 흐름과 업종의 변화에 영향을 받기 때문에 그러한 트렌드를 읽을 수 있어야 한다. 즉 경제 흐름을 읽어내는데 있어서 채권투자만한 것이 없다. 채권투자를 빨리 시작한 사람과 그렇지 못한 사람은 경제를 바라보는 시야가 다를 수밖에 없을 것이다. 젊은 부자가 되기 위해, 또는 평생 부자로 살기 위해서는 재테크의 밑그림을 남들보다 크게 그려야 한다. 그리고 그 밑그림에는 채권이라는 재료가 필수적이다.

개인투자자도 채권시장을 움직이는 시대

채권이라고 하면 겁부터 내는 사람들이 많다. 기관이나 기업, 큰손들만의 전유물로 알고 있는 것이다. 그러나 시대가 많이 바뀌어, 이제 개인투자자도 채권시장에서 큰 목소리를 내는 시대가 왔다. 예를 들어보자.

2013년 4월 24일, 동부씨앤아이(CNI)의 1년 만기 회사채가 발행되자마자 소액 투자자들의 주도로 유통시장에서 활발한 매매가 이루어졌다. 동부CNI의 수요예측에는 기관 투자자가 한 곳도 참여하지 않았다. 즉 어떤 기관도 이 회사의 채권에 관심을 가지지 않았다는 뜻이다. 하지만 소액 투자자들이 유통시장에 풀린 동부CNI 회사채를 매입하면서 하루 총 거래대금이 전체 발행액의 절반을 넘는 255억 원에 달할 정도였다.

사실 이 회사채는 기관 투자자에게는 외면받았지만 소액 투자자에게는 발행 전부터 주목을 받았다. 발행금리가 7.80%로 일반 회사채 수익률 보다 2% 이상 높은 금리였기 때문이다. 한 증권사 관계자는 "요즘 같은 저금리 시대에 7% 후반의 고수익을 보장해주는 금융상품은 전무하므로 투자자들이 발행 전부터 관심을 보였다."면서 "신용 등급은 낮지만 만기인 1년 이내에 회사가 무너지지 않을 것이란 확신이 개인투자자들의 돈을 끌어모으는 원동력이 되었을 것이다."라고 분석했다.

동부CNI의 회사채 매수에 참여한 투자자별 비중은 개인이 114억 원, 종금 및 금고가 100억 원, 기타법인 39억 원, 외국인 2억 원 등

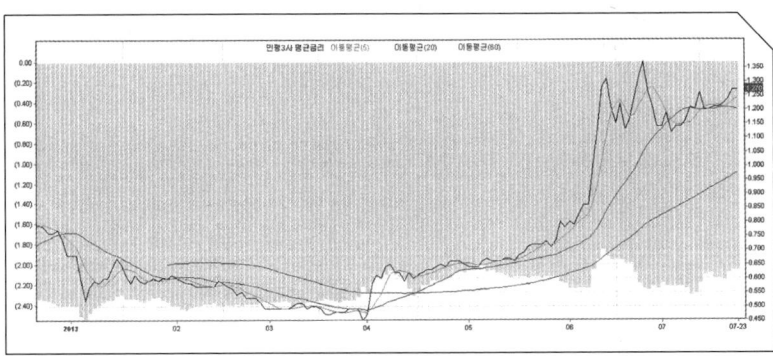

■ 민평3사 평균금리

이었다. 이렇듯 채권시장에서 개인투자자들의 영향력은 나날이 커지고 있다.

걱정을 반의 반으로 줄일 수 있는 채권의 매력

채권이 주식과 다른 점은 채권을 발행한 주체가 디폴트되지만 않으면 원금과 이자를 지급받을 수 있다는 점이다. 세계 경기가 안 좋아져서, 전쟁이나 테러가 발생해서, 심지어 지진이나 쓰나미가 와서 주가가 떨어지는 속수무책인 상황은 가정하지 않아도 된다는 것이다. 주식을 하는 사람들은 온 세상에서 벌어지는 일을 다 걱정해야 한다는 말이 있다. 하지만 채권은 이로부터 상당히 자유롭다.

설사 채권을 발행한 회사가 적자가 나고 있다고 하더라도, 내가 채권을 보유하고 있는 기간에 부도만 나지 않는다면 내 원금과 이자는 무사하다는 의미이다.

미래를 예측하는 것은 너무나도 어려운 일이다. 자신의 미래도 예측하기 어려운데, 다른 기업 혹은 다른 나라의 미래가 얼마나 비전이 있고 얼마나 성장할 것인가를 예측한다는 것은 상당히 어려운 일이다. 수많은 변수가 개입하는 불확실성의 집합체라 할 수 있다.

하지만 적어도 특정 기업이나 나라가 특정 시점까지는 안 망할 것이라는 것은 훨씬 예측하기가 쉽다. 채권은 그 기업의 성장가치에 투자하는 주식과는 달리, 정해진 기간 내의 부도 위험성만 파악하면 투자 목표를 이룰 수 있는 것이다.

우리가 투자하는 채권의 형태는 아주 다양하다. 하지만 어느 정도 규모가 있고 그 업종에서의 영향력이 큰 채권의 경우 부도까지 가는 일은 드물며, 그까지 가기 전에 여러 가지의 회생 절차를 거치게 된다. 덩치가 큰 기업이나 국가의 부도를 그대로 방치하는 것은 다른 경제 주체들에게도 부담이 되는 상황이기 때문이다.

결론적으로 적자가 나는 기업이나 국가라 할지라도 내가 투자하는 기간 동안, 어디서 돈을 빌려오든지 나에게 원금과 이자를 줄 수만 있다면 투자 실패는 없다는 것이다. 이것이야말로 채권투자의 크나큰 매력이다.

5
꿈이 있다면, 지금 당장 채권을 시작하라

20~30대, 채권 맛보기를 시작하라

돈 없고 배고픈 사회 초년생이 무슨 목돈이 있어서 채권에 투자하느냐고 반문하는 사람들도 있을 것이다. 하지만 분명한 사실은 고기도 먹어 본 사람이 먹는다는 것이다. 물론 채권으로 배를 불릴 수는 없지만, 맛은 볼 수 있다. 채권투자로 매달 혹은 일정 기간 동안 나오는 수익금으로 투자의 성과를 체험할 수 있다는 얘기다.

20대와 30대는 취업과 결혼을 통해 새로운 형태의 자산 포트폴리오를 구성하는 시기이다. 사실 이 시기에 큰돈을 채권에 투자하기는 현실적으로 어렵다. 하지만 은행 예금과 적금, 주식투자만이 아닌 제3의 대안이 있음을 아는 것이 중요하다. 채권은 다른 금융상품에서 생길 수 있는 단점이나 위험을 커버할 수 있으며, 매달 지속적으로 현금 수익을 창출할 수 있다는 장점이 있다.

　인생에서의 실패를 경험해 보지 못 한 젊은 시절엔 누구나 너무나도 장대한 재테크 목표를 세우고 무모한 실행계획을 짜는 경향이 있다. 채권은 젊은 층들의 이러한 투자 성향에 브레이크를 걸어줄 수 있는 실용적이고 안전한 투자 방법이다. 실패 확률을 줄이는 포트폴리오를 구성하기 위해 채권은 무조건 병행되어야 한다는 것이다. 이 시기에 있어 채권투자는 당장의 수익을 위해서도 필요하지만, 앞으로 투자 인생에 있어 밑거름을 뿌린다는 의미에서도 필수적이라 할 수 있다.

40~50대, 채권의 비중을 대폭 늘려라

　라이프사이클 상에서 40대는 가장 돈을 많이 벌지만 지출 역시 최고로 많은 시기이다. 주택 구입에 따른 대출금이 남아 있는 상황에서 부모를 부양하고 자녀의 높은 사교육비를 감당해야 한다. 이 와중에 노후에 대한 대비도 해야 하는 상황이니, 재테크에 있어 엄청난 역량을 발휘해야 하는 것이다.

　40대 이후 중장년층은 채권투자를 할 수 있는 경제적 능력을 가지고 있는 동시에, 재테크에 있어 채권의 비중을 높여감으로써 가장 높은 만족도와 효율성을 누릴 수 있다. 가뜩이나 직장에서 위아래로 치이는 상황인데 재테크를 한다고 많은 시간과 에너지를 투자하는 것은 불가능하다. 채권은 투자를 하고 매일매일 체크할 필요도 없으며,

돈을 불리기 위해 엄청난 스트레스를 받을 필요도 없는 웰빙 투자법이다. 생활 자체가 스트레스인데, 여기다 재테크로 인한 스트레스를 받을 필요가 없다는 것이다. 주식으로 조금 더 벌 수 있다고 하더라도 일상의 스트레스가 가중된다면 과연 그 만큼의 가치가 있는 것인지 따져봐야 한다.

인생의 황금기가 불리는 중장년층의 채권투자는 단순한 투자를 넘어 삶의 만족도와 행복의 수준을 높여주는 투자 방법이다.

60대, 은퇴 자산은 채권으로 재편하라

우리가 미처 준비할 틈도 주지 않은 채 고령화 시대는 우리 눈앞에 당도했다. 100세 수명 시대에서 재테크는 은퇴와 함께 끝나는 것이 아니라 새롭게 시작되어야 한다.

하지만 많은 사람들이 잘못된 투자로 인해 그동안 모은 것을 일시에 잃고 사회적으로나 경제적으로 큰 상처를 입는 경우가 많다. 젊은 시절에는 실패를 하더라도 다시 일어설 수 있는 기회와 열정이 있지만, 이 시기엔 재테크의 실패가 곧 인생의 실패로 이어질 수 있으므로 더 없이 신중해야 한다. 이 시기의 특징에 가장 부합하는 것이 바로 채권이다.

은퇴자들의 경우 안정성만 최우선으로 생각해서 은행예금만 고집하는 사람들이 많다. 하지만 은행에 돈을 묶어 두면 현금이 돌지 않아 취미나 여가를 즐기며 여유롭게 사는 노후생활의 꿈은 멀리 사라져 버린다.

  그렇다고 상가나 오피스텔과 같은 부동산 임대사업에 손을 댈 수도 없다. 경기 흐름에 민감한 부동산에 잘못 들어갔다가는 자산의 원금이 손실되는 낭패를 볼 수 있기 때문이다. 특히 주식은 두말할 필요도 없이 은퇴자산을 운용하는 방법으로 추천하기 힘든 위험한 재테크다.

  이런 상황에서 은행 금리 이상의 수익을 누리는 동시에, 위험은 최소화하면서 복리 효과를 얻을 수 있는 최고의 재테크로 선호되는 것이 바로 채권투자이다. 어쩌면 채권투자는 실버세대 및 은퇴자를 위해 최적화된 투자 수단이라 하겠다.

2장

채권 기본기 마스터하기

쉽고 재미있게 배우는 채권의 모든 것

채권투자·하기·전에·꼭·알아야·할·것들

1
나는 채권이다

채권 실물은 어떻게 생겼나

이 장은 채권투자를 꿈꾸는 사람들이 반드시 거쳐야 할 채권투자 기본 트레이닝 코스가 될 것이다. 수학이든 영어든, 골프든 재테크든 기본기가 갖춰져 있으면 응용은 저절로 되는 법이다. 이제부터 채권의 기본에 대해 야무지게 배워보도록 하자.

자, 그렇다면 이제부터 우리가 공부할 채권이란 무엇일까? 이 질문에 대한 대답을 하려면 일단 채권이 어떻게 생겼는지 눈으로 확인하는 것이 중요하다. 채권 역시 백문이 불여일견이다.

대한민국 정부가 발행한 채권의 샘플을 살펴보자.

 채권의 맨 윗부분에 '대한민국 정부 제1종 국민주택채권'이라는 문구가 있다. 즉 이 채권을 발행한 주체는 '대한민국 정부'란 뜻이고, 이 채권의 이름은 '제1종 국민주택채권'이라는 의미이다. 시선을 오른쪽으로 향하면 발행일자와 상환일을 적는 난을 확인할 수 있다.
 채권의 가운데 부분을 보면 '일십만 원'이라는 금액이 눈에 띈다. 즉 이 채권은 일십만 원에 대한 차용 증서인 셈이다. 이 채권의 의미를 한마디로 정리하면 다음과 같다.

 "대한민국 정부는 이 채권을 소유한 사람에게 상환일에 일십만 원을 지급할 것을 약속합니다."

채권에는 뭔가 특별한 것이 있다

 실물 채권 속에 채권에 대한 기본 개념이 모두 담겨 있음을 확인했다. 그러면 이를 토대로 채권의 기본 특징에 대해 정리하고 넘어가자.

첫째, 채권의 발행자는 다양하다.

일반 기업들이 자금을 조달하기 위해서 쓰는 일반적인 방법이 주식의 발행이다. 그런데 채권은 기업뿐만 아니라 중앙정부와 지자체, 공공기관, 법인 등도 이용할 수 있는 자금 조달 방법이다. 그만큼 채권의 발행 주체는 다양하다는 이야기가 된다.

그런데 왜 기업은 주식이라는 방법을 놔두고 채권을 발행할까? 이유는 간단하다. 주식을 발행하면 기존 주주들이 주식 가치가 떨어진다고 아우성을 친다. 또 자칫 잘못하면 경영권에 대한 간섭이 들어올 수도 있다. 그래서 기업의 입장에서는 약간의 이자를 지급하더라도 채권을 발행하는 것이 속 편하게 자금을 모을 수 있는 것이다.

둘째, 채권에는 기한이 있다.

채권에는 언제나 만기가 있다. 원금과 이자의 상환기일이 미리 정해져 있는 '한시적 유가증권'이란 의미이다. 채권의 이런 특징은 은행의 정기 예금이나 적금과 유사하다. 채권의 상환일은 채권 발행자에게는 빚을 갚는 날이고, 투자자에겐 투자가 종료되는 시점이다. 같은 회사의 채권이라도 만기가 다르면, 즉 상환기일까지 남아있는 기간이 다르면 가치가 다르게 평가되는 이유이다.

셋째, 채권에는 확정 이자가 주어진다.

주식은 발행자의 사업이 얼마만큼의 수익을 냈느냐에 따라 가치가 좌우된다. 손실이 발생할 경우 배당과 같은 행위를 할 의무가 없다. 하지만 채권은 특정 기간 동안 발행자가 수익을 내든 적자를 내든 상관없이 채권에 기재된 원금과 확정 이자를 받을 수 있는 '확정이자부

증권'이다. 채권이 발행되는 당시 투자금에 대한 수익 기준이 결정된 다는 의미이다.

> **채권의 종류**
>
> - 발행주체별 : 국채, 지방채, 특수채, 회사채
> - 보증 유무별 : 보증채, 무보증채, 담보부채
> - 원금지급 형태별 : 만기상환채, 분할상환채
> - 이자지급 형태별 : 할인채, 이표채, 복리채
> - 상환기간별 : 단기채, 중기채, 장기채

2
채권의 종류는 많고, 투자 기회도 많다

채권은 발행자에 따라 이름이 달라진다

채권을 분류하는 가장 중요한 기준은 발행 주체다. 즉 누가 발행했느냐에 다라 채권의 이름이 달라지는 것이다.

일단 국채가 있다.

말 그대로 국가가 발행하는 채권이다. 정부는 국회의 의결을 얻은 후 채권을 발행할 수 있다고 헌법에도 적혀 있다(헌법 제 93조 예산회계법 제 4조). 앞서서 채권은 발행 주체가 망하지 않는 이상 원금과 이자를 받을 수 있다고 말했다. 즉 정부가 원리금을 지급할 의무를 지는 국채는 최고의 신용도를 가지고 있는 것이다.

그런데 왜 정부는 그 많은 세수를 놔두고 국채를 발행할까? 재정자금의 수급을 조절하거나 특정 사업의 재원을 조달하기 위해서라고 한다. 국채의 종류에는 국고채권, 안면이 있는 국민주택채권 1종, 국민주택채권 2종과 최근에 발행되어 인기몰이를 하고 있는 물가연동국채 등이 있다.

다음으로 지방채에 대해 알아보자.

지방채는 지방 자치단체가 발행하는 채권으로 특별시, 도, 시, 군 등이 투자 재원을 조달할 목적으로 발행한다. 국채보다는 안정성이 떨어진다고 볼 수 있으나, 지자체가 디폴트 되는 것을 중앙 정부가 보고 있지만은 않을 것이란 생각을 하면 일반 회사채 보다는 유동성과 신뢰도 면에서 믿을 수 있다고 평가된다. 지방채의 종류에는 지역개발채권과 지하철공채 등이 있다.

국채도 지방채도 아니지만 국가의 공공기관이 발행하는 채권이 있으니 이것이 특수채다.

'특수'란 이름이 붙은 것은 특별법에 의해 설립된 기관이 특별법에 의거해 발행하는 채권이기 때문이다. 특수채의 종류에는 한국전력공사채권, 한국전기통신공사채권, 한국도로공사채권, 한국가스공사채권 등이 있다. 한마디로 모두 공사가 발행한 채권이다.

특수채 중 발행주체가 은행 및 비은행 금융기관의 채권을 금융채라고 한다.

한국은행의 통화안정증권, 산업은행의 산업금융채권, 중소기업은행의 종소기업금융채권뿐 아니라 카드사, 리스회사, 할부금융회사, 캐피탈 회사 등이 발행하는 채권 역시 금융채에 속한다. 금융채는 발행 주체에 따라 채권 신용도가 천차만별이다.

한국은행의 통화안정증권은 국채 급의 신용도를 가지지만, 자동차

리스 회사의 채권은 일반 회사채보다 못한 신용도를 가질 수 있다.

마지막 주인공은 회사채다.

회사채란 주식회사가 특정인 또는 일반 대중으로부터 자금을 조달하기 위해 발행하는 채무 증서다. 만기가 길고 회사 경영권에 영향을 미치지 않는다는 채권의 특성상 비교적 거액의 장기 자금을 조달하기 위해 회사채를 발행하는 경우가 많다.

담보가 붙은 채권도 있다

채권은 발행 주체가 망하지만 않으면 원리금을 받을 수 있는 안전한 투자방법이라고 설명했다. 그런데 아주 드문 경우이긴 하지만 망하는 일이 있더라고 내 돈을 회수할 수 있는 채권이 있는데, 이것이 바로 보증채다.

채권에 보증이란 안전장치를 해 놓은 것이 보증채, 조건부로 보증을 해 주는 것이 담보부사채, 보증이 되지 않는 것이 일반사채다. 보증채는 채권의 발행자가 원리금 상환을 해주지 못 할 경우, 제 3자가 대신 지급하겠다는 조건이 붙어있는 채권이다. 보증채에는 정부 보증채와 일반 보증채가 있다.

정부 보증채란 정부가 보증을 하는 채권이란 뜻이다. 내 돈을 떼일 확률이 제로란 의미이기도 하다. 정부에서 채권에 보증을 해주는 경우는 극히 드물지만, 예금보험기금채권, 부실정리기금채권의 일부가 정부 보증채로 발행된 사례가 있다.

일반 보증채는 1997년 이전에는 많이 발행되었으나, 최근에는 거의 발행되지 않고 있다.

그렇다면 담보부사채에 대해 알아보자.

말 그대로 담보가 설정된 채권이란 의미이다. 채권은 원래 담보나 보증이 필요 없는데, 굳이 담보를 설정하는 이유는 무엇일까? 채권을 발행하는 회사의 신용도가 떨어지거나, 미래 전망이 불확실하면 투자자들은 쉽게 채권을 매수하지 않으려 할 것이다. 그러면 해당 기업은 부동산 등 물적 담보를 붙여 채권을 발행한다. 만약 회사가 망하는 경우에는 담보를 처분해 채권을 상환하겠다는 뜻이다.

마지막으로 무보증채는 발행주체의 신용도에 의해서만 발행되는 채권이다. 국채 및 지방채는 무보증채라 할지라도 안정성을 의심할 필요가 없지만, 채권시장에서 가장 많이 거래되는 회사채의 경우는 대부분이 무보증채이므로 기업의 신용등급은 물론 앞으로의 성장성에 대한 예측 및 분석을 게을리 하면 안 된다는 것을 잊지 말자.

30년 동안 투자하는 채권도 있다

채권은 만기가 정해져 있는 기한부 채권이므로 그 기한에 따라 단기채냐, 중기채냐, 장기채냐로 분류될 수가 있다. 각 국가마다 약간은 차이가 있을 것이고, 투자자에 따라 시간에 대한 관념을 다를 수 있지만 통상적으로 정해진 기간별 분류는 다음과 같다.

즉 상환기간이 1년 이하인 채권을 단기채, 1년 초과에서 5년 이하인 채권을 중기채, 5년 초과하는 채권을 장기채라고 부른다. 장기채는 보통 10년, 20년 단위로 발행되는 경우가 많다.

그런데 최근 두산인프라코어가 영구채를 발행하면서 채권시장에 논란을 불러일으키고 있다. 영구채란 단어 그대로만 해석하자면, 이자만 지급하고 원금은 영원히 지급하지 않아도 된다는 의미가 된다. 그러나 영구채의 공식적인 채권 상환 기간은 30년으로 명시되어 있고 연장이 가능한 형태(연장 시 60년)로 발행된다. 일반적인 경우 영구채는 회사채보다 높은 이자율을 지급하게 되므로 투자자에게 유리하다. 5년 후, 7년 후에는 가산 금리가 붙게 되어 회사채의 수익률을 훨씬 상회하게 된다. 이런 이유로 영구채는 발행자가 5년 후나 10년 후에 조기 상환을 요청할 수 있는 권리(CALL Option)를 명시한 채로 발행되는 경우가 많다.

만기를 무시하는 옵션부 채권!

최근 옵션부 채권에 대한 관심이 뜨겁다. 옵션부 채권이란 대부분의 채권이 만기에 일시상환되는 데 반해 조기상환할 수 있는 옵션을 부여한 것이다. 즉 채권 만기가 되기 전에 빚 관계를 청산할 수 있는 권리이고, 이것은 쌍방이 모두 가능하다.

그래서 옵션부 채권에는 발행자가 조기에 원금을 상환할 권리를 가진 CALL Option 형태와, 채권 소유자가 발행자에게 조기상환을 요구할 수 있는 PUT Option 형태가 있다. 옵션부 채권은 그 권리를 행사할 수 있는 시기, 상환 금액 등 조기상환 조건이 정해져서 발행된다.

CALL Option의 경우, 발행자에게 선택권이 주어지므로 투자자 입장에서는 불리하므로, 다른 조건이 모두 동일하다면 높은 금리가 주어진다. 반대로 PUT Option의 경우에는 투자자가 선택권이 있기 때문에 다른 동일한 조건의 채권에 비해서 낮은 금리가 지급된다.

이자를 꼬박꼬박 받는 채권도 있다

채권의 원금은 만기에 일시상환되는 경우가 대부분이지만, 이자에 대해서는 다양한 방법으로 받을 수 있다. 이런 특징 때문에 채권은 골라 투자하는 재미가 있다.

앞으로 채권 투자를 하면서 많이 접하게 될 이름이 할인채, 이표채, 복리채이다. 앞으로 이런 이름을 만나게 되면 이자를 지급하는 방식이라고 이해하면 될 것이다.

할인채는 채권에 적혀 있는 액면가에서 상환기일까지의 이자를 공제한 금액으로 팔리는 채권이다. 즉 이자가 5%인 1천만 원짜리 할인채라면 이자를 공제한 950만 원에 살 수 있다는 것이다. 이자가 선지급된다고 생각하면 쉽다. 즉 채권을 매입하는 순간 이자와 만기 상환 금액이 정해져, 세후 수익률이 곧바로 확정된다. 만기 2년 미만의 통화안정증권의 일부가 할인채로 발행된 사례가 있다.

이와는 달리 이표채는 채권에 표시된 이자를 이자 지급일에 받는 채권이다. 만기 이전에 정해진 금리에 대한 이자를 주기적으로 받는 것으로, 가장 일반적인 채권의 형태이다. 이자는 3개월, 6개월, 1년마다 지급되는데, 최근에는 월 단위로 지급되는 방식으로도 많이 발행되고 있다.

다음으로 복리채가 있다. 이는 이표채처럼 이자가 지급되는 것이 아니라 이자가 복리로 재투자 되는 채권을 말한다. 투자자는 만기에 원금을 받을 때 이렇게 복리로 재투자된 이자까지 함께 받게 된다. 국민주택채권 1종, 국민주택채권 2종, 지역개발채권 등이 복리채의 형태로 발행되었다.

채권도 복리효과가 가능할까?

재테크의 마법이라 불리는 복리효과, 채권으로도 가능한지 알아보자.
우선 이표채의 경우, 이자를 재투자함으로써 복리효과를 노릴 수 있다. 이율이 정해진 상품에 재투자한다면 수익률을 예측할 수 있지만, 그렇지 않다면 손실이 날 수도 있다는 단점이 있다.
다음으로 복리채인데, 중간에 이자를 지급하지 않고 만기에 원금과 복리로 계산한 이자를 한꺼번에 받는 채권을 말한다. 복리란 말 자체가 엄청난 매력을 가지고는 있지만, 복리채에도 단점이 있다. 만기까지 현금을 확보할 수 없으며, 만기에 한꺼번에 원금과 이자를 받음으로써 금융소득 종합과세의 대상이 될 수 있다는 것이다. 이런 위험을 피해갈 수 있는 팁을 알아두면 유용하다. 자신의 명의로 복리채를 팔았다 다시 사는 방법이다. 증권사에 요청하면 수수료 없이 가능하며, 매매시에 소득에 대해 세금을 내게 되므로 종합과세를 피해갈 수 있다.

이자가 오르락내리락 하는 채권도 있다

채권 이자에 대해 더 자세하게 알아보도록 하자.

물론 대부분의 채권은 원금 상환일에 발행 당시에 정해진 표면금리로 이자를 지급한다. 이런 채권을 한마디로 '고정금리부 채권'이라고 한다.

그런데 '고정금리부 채권'이 있다면 그렇지 않은 채권도 있다는 의미일 것이다. 바로 '변동금리부 채권(Floating Rate Note)', 사람들은 약자로 FRN이라고 부른다. 이제 경제신문에서 FRN 세 글자를 발견하면 "아하, 변동금리부 채권!"이라고 아는 척을 해도 좋을 것이다.

FRN은 채권의 이자가 수시로 변한다는 것인데, 투자자 입장에서는 조금 불안할 수도 있다. 하지만 세상 일이 다 그렇듯 금리가 변한다는 것은 투자자에게 유리할 수도 불리할 수도 있다. 다시 말해 이를 잘 이용하면 일반적인 채권보다 더 큰 수익을 올릴 수 있다는 의미이다. 모든 금리의 기준이 되는 것이 기준금리이고, FRN은 이 기준금리에 따라 플러스 마이너스의 가산금리를 지급받는 것이다. 즉 기준금리가 내려가면 이자를 적게 받고 기준금리가 올라가면 이자를 더 받는 것이다.

그런데 채권 상품 중엔 FRN의 개념을 반대로 뒤집은 Inverse FRN도 있다. 기준금리가 오르면 이자를 덜 받고, 기준금리가 떨어지면 이자를 더 받는 청개구리 채권인 셈이다. 그렇다면 어떻게 투자하는 것이 가장 유리할까?

물론 투자기간 중에 금리가 오를 것이 예상된다면 FRN에 투자하고, 금리 하락이 예상된다면 Inverse FRN에 투자하면 된다. 그러나 사실 장기적인 관점에서 금리를 예측한다는 것 자체가 상당히 어렵다. 너무나 많은 변수가 개입될 여지가 있으므로 초보 투자자라면 속편하게 고정금리부 채권에 투자하는 것이 안전할 수 있다.

기준 금리는 딱 정해진 걸까?

모든 금리의 기준이 되는 기준금리란 뭘까? 한국은행이 고시하는 것일까? 그렇지는 않다. 기준 금리란 어떤 특정한 금리 기준이 존재하는 것이 아니라, 개별 금융기관이 편의상 정해놓은 금리를 말한다. 보통 금융권에서 말하는 기준금리는 CD 등 단기 금리에 연동되는 경우가 대부분이나, 국고채 3년 수익률이나 국민주택채권 1종 수익률 등 장기 금리에 연동되는 경우도 있다.

3
채권의 수익률이 궁금하다

채권의 가격이란 아지랑이와 같다

 채권투자에 있어서 채권의 수익률을 분석하는 작업은 너무나도 중요하다. 그런데 혹시 "채권 수익률이야 채권에 적혀 있는 그대로 아닌가요?"라고 묻는 독자가 있을 수도 있으므로 다시 한 번 채권의 가격에 대해 짚고 넘어가자.

 실물 채권에 적혀 있는 가격을 액면가, 이자를 표면금리라고 한다. 우리 앞에 액면가 천만 원에 표면금리 5%짜리 채권이 하나 있다고 하자. 이 채권의 수익률은 5%인가? 물론 이 채권을 천만 원에 살 수 있다면 수익률은 5%가 맞다. 하지만 시중금리가 3%도 되지 않는데, 5% 금리를 주는 채권이 있다면 너도 나도 달려들어 채권을 사려고 할 것이다. 수요공급의 원칙에 의해 채권 가격은 상승하게 된다. 즉 위의 채권을 천만 원이 아닌, 천 이십만 원에 사야 된다는 의미이다.

액면가란 그저 숫자일 뿐이다.

채권은 우리가 사고 싶은 시점에 입맛에 맞게 고를 수 있는 슈퍼마켓의 물건이 아니다. 채권을 팔려고 내놓은 사람들에게서 구입해야 하며, 채권을 팔려는 사람들은 시세에 맞게 팔려고 할 것이기 때문이다.

자, 그렇다면 채권에 가장 큰 영향을 미치는 요인은 금리의 변화라는 것을 짐작했을 것이다. 그리고 여기에 덧붙여 기업의 신용도 또한 막대한 영향을 미친다.

어려운 것 같지만 예를 들어 보면 쉽게 이해된다.

내가 현재 표면금리 4%짜리 3년물 채권에 투자를 하고 있는데, 시장 금리가 갑자기 3.5% 대로 떨어졌다. 시장에서 평균적으로 얻을 수 있는 금리는 3.5%인데 내가 투자한 채권은 4%의 이자를 준다고 하니, 살려는 사람들이 몰려들 것이고 채권의 가격은 자연히 올라간다.

반대로 시장금리가 4.5%로 올라갔다고 해보자. 이 채권을 팔고 다른 투자처로 옮겨 타려고 할 것이므로 채권의 가치는 떨어지게 된다. 나중에 배우겠지만 채권도 주식과 마찬가지로 매수와 매도 주문에 따라 가격이 정해진다.

마찬가지로 내가 투자한 기업의 신용등급이 하락하게 되면 부도 위험이 높아지게 되므로 채권 가격은 하락하게 된다.

그런데 이 신용등급 하락은 더 큰 문제를 내포하고 있다. 앞으로 아무도 이 기업에 돈을 빌려주려고 하지 않을 것이므로, 이 기업은 자금을 조달하기 위해 더 많은 이자를 지급해야 할 것이다. 재무구조가 부실해질 잠재적 위험을 엄청나게 갖고 있는 것이다. 이런 위험성까지 감안해 이 기업의 채권 가치는 더 크게 하락할 수 있다는 것이다.

액면가와 표면금리에 속지 말자

채권의 액면가란 말 그대로 실물 채권에 기재되어 있는 금액으로, 보통 만 원 단위로 되어 있다. 그리고 채권에는 표면금리, 즉 연수익률 또한 적혀있다. 그런데 왜 그냥 금리라고 하지 않고 표면금리라고 할까? 우리가 실질적으로 받을 수 있는 돈이 아니란 얘기다.
물론 채권을 만기까지 가지고 있을 때 그 돈과 이자를 받는다는 것은 거의 확실한 팩트다. 그런데 우리가 채권을 구입하는 가격은 정해져 있지 않다. 아무리 표면금리가 높은 상품이라 하더라도, 이미 가격이 오를 대로 올라있는 채권이라면 가치가 반감된다. 그래서 표면금리에 혹하기 보다는 채권의 수익률을 꼼꼼하게 따져봐야 할 것이다.

채권수익률의 정체를 파악하자

채권투자로 돈을 벌려면 채권수익률 3총사의 개념을 머릿속에 꿰고 있어야 한다. 표면수익률, 실제수익률, 만기수익률이 그것이다.

우선 표면수익률은 앞서서 배웠던 표면금리로 계산했을 때의 수익률이다. 예를 들어 보자.

액면가 1억 원, 1년 만기, 표면금리 10%의 채권에 투자한다면(일단 세금은 무시하자.) 이자는 1천만 원이 되고, 표면수익률은 표면금리와 같이 10%다.

그런데 우리는 채권을 액면가대로 사지는 않는다.

만약 위의 채권을 1억이 아닌 9천만 원에 매수한 사람이 있다고 치자.

그의 실제 투자금액은 9천만 원, 이자는 1천만 원이므로 수익률은 11.1%가 되는 것이다. 내가 채권을 실제로 매수한 금액 대비하여 수익률을 계산하는 것이 실질수익률(현행수익률)이라고 하는 것이다.

마지막으로 만기수익률은 채권을 만기까지 보유했을 때 얻을 수 있는 평균수익률이다.

투자원금, 만기까지 받은 이자 총액, 매매차익 등을 모두 고려한 수익률인데 금리 변동에 따라 채권의 가격이 수시로 변동하게 되므로 무조건 만기 수익률이 표면수익률과 같다고 볼 수는 없다.

채권 수익률은 왜 제각각일까?

채권의 가격은 아주 많은 요인에 영향을 받는데 채권의 자체적 속성 때문에 그렇다. 다시 말해 채권을 발행하는 주체, 그리고 채권을 발행하는 조건 때문이다. 그러면 지금부터 채권의 수익률에 영향을 미치는 요인들이 뭔지 샅샅이 알아보기로 하자.

_장기채의 수익률이 더 높다.

5년짜리 채권보다는 10년짜리 채권이 수익률이 높다. 다른 조건이 동일할 경우에 채권의 만기까지 남아있는 기간이 길수록 원금 회수기간이 길어지므로 당연히 위험도가 높다. 높은 수익률을 주어야 사람들이 움직일 것이다. 한마디로 장기채는 하이 리스크, 하이 리턴인 셈이다.

하지만 이런 원칙이 모든 경우에 해당되는 것은 아니다. 가끔은 단기채의 수익률이 장기채보다 높게 형성되는 역전현상이 발생하는 경우도 있다. 외환위기 등으로 금융시장이 불안하고 불확실성이 높을 때, 사람들은 장기채가 더 안전하다고 느낄 수 있기 때문이다.

_신용도가 낮을수록 수익률이 높다.

채권이 아무리 안전하다고 해도 위험이 전혀 없는 것은 아니다. 만에 하나 채무불이행 위험을 감안해야 하는 것이다. 다른 조건이 동일하다면 신용도가 낮을수록 수익률이 높아질 것이다. 아무도 신용도가 낮은 기업에 투자하지 않으려고 할 것이므로, 자금을 모으려면 높은 수익률을 약속해야 할 것이다. 그런데 이런 발행자의 신용도는 고정된 것이 아니므로 항상 경제동향을 주목해야 될 필요가 있다.

_유동성이 낮을수록 수익률이 높다.

채권의 유동성이란 채권을 원하는 시점에 현금화할 수 있는 정도를 말한다. 쉽게 말해 거래가 활발한 채권이 유동성이 높은 채권이다. 다른 조건이 동일하다면 모든 사람들이 유동성이 높은 채권을 선호하기 마련이다. 유동성이 좋지 않은 채권은 높은 수익률을 주어야 거래가 성사될 것이다. 장기적으로 묻어두어도 될 투자금이라면 수익률이 높고 유동성이 낮은 채권에 투자해도 좋다. 그런데 중간에 현금화해야 할 가능성이 있다면 수익률이 좀 낮더라도 유동성이 좋은 채권에 투자해야 한다.

_표면금리가 높을수록 수익률이 높다.

채권투자의 수익이란 이자수익과 매매차익으로 이루어지는데, 채권에 대한 과세는 표면금리에 대해서만 이루어진다. 예를 들어 액면가 1억 원, 표면금리 10%짜리 채권을 1억 5백만 원에 매수했다고 해보자. 실질적인 수익금은 5백만 원인데, 과세는 표면금리 10%에 해당하는 1천만 원에 대해 이루어진다는 말이다.

표면금리가 높으면 과세에 대한 부담이 커지므로 세후수익률이 하락한다. 이것에 대한 보상을 해주기 위해서 더 높은 수익률을 주고 채권을 발행하는 것이다.

채권 수익률은 매일매일 바뀐다

주식이 주식시장에서 매일 가격이 형성되듯, 채권 역시 유통시장에서 매일 가격이 매겨진다. 그렇다면 왜 이렇게 가격이 변하는 것일까. 그 요인은 경기 변화부터 발행 주체의 신용도 변화는 물론이고 하다못해 누가 대통령에 당선되었는가도 포함된다.

한마디로 온갖 세상일이 채권의 수익률에 영향을 미친다는 것이다. 그 중 대표적인 것이 경기 흐름이다.

경기가 좋아지면 기업들은 설비투자를 늘일 것이고, 자금수요가 늘어나게 된다. 기업들이 앞다퉈 회사채를 발행하게 되면, 채권시장에 공급이 늘어나게 된다. 투자자 입장에서는 고를 수 있는 패가 늘어난 것이다. 기업의 입장에서는 자기 회사의 채권을 팔기 위해 더 높은 수익률을 줄 수밖에 없게 되는 것이다.

반대로 불경기일 경우, 기업들의 대출수요가 감소하므로 금융권의 유가증권 투자가 늘어난다. 채권에 대한 수요가 증가하는 것이다. 공급보다 수요가 많으니 채권의 가격은 올라가고, 수익률은 떨어지게 된다.

하지만 이런 흐름이 언제나 맞는 것은 아니란 점을 명심해야 한다. 채권의 가격은 경기에 영향을 주는 재정 및 금융정책, 물가 변동, 환율 변동, 파생상품 시장의 움직임, 정책당국자의 의지 등 여러 가지 요인에 의해 좌우되기 때문이다.

여기서 채권의 수요와 공급에 대해서 짚고 넘어가자.

수요와 공급이 힘겨루기를 해서 수요가 많으면 가격이 올라가고, 공급이 많으면 가격이 내려간다는 것은 상식이며 채권도 예외가 아니다.

채권을 공급하는 주체는 앞서서 공부했듯이 국가, 지자체, 금융기관, 기업 등이다.

이 중 국가는 재정 예산을 확보하기 위해, 혹은 통화량을 조절하기 위해 국채를 발행한다. 그런데 대규모 국채가 발행되면 시장에 공급과잉 현상을 초래하고, 회사채 수요를 위축시켜 투자활동이 위축될 우려가 있다.

회사채의 경우는 조금 이중적이다. 경기가 좋을 때는 투자 설비를 확대하기 위해 채권을 발행하고, 경기가 나쁠 때는 재무구조를 개선하기 위해 발행할 수 있기 때문이다.

채권을 사는 수요자는 국가, 기관 투자자, 그리고 개인이다. 기관 투자자 중에서는 금융기관의 비중이 높다. 금융기관의 자산 운용 방식 자체가 안정성을 추구하므로 채권의 비중이 높고 거래 금액이 크기 때문이다. 그러므로 금융기관의 움직임은 채권 시장에 지대한 영향을 미치게 된다. 특히 은행들은 매월 지급준비일의 상황에 따라 채권을 매수하거나 매도하는 움직임을 보이게 되므로 이를 예의주시해야 한다.

은행권을 제외한 저축성 예금 및 금전신탁의 수신동향 역시 상당히 중요하게 작용한다. 예탁금, CMA 같은 상품에 돈이 몰리면 채권 투자에 대한 여력이 커지는 것이다. 채권의 수급상황을 체크할 때 기관의 투자 여력이 어떤지 확인해 보는 것이 좋다.

최근 개인투자자들이 채권시장의 새로운 수급 주체로 부상하고 있다. 채권 청약 시장의 열기가 뜨거워지고 있는 것 역시나 눈여겨봐야 할 트렌드이다. 특히 저금리 기조가 앞으로 상당 기간 이어질 것으로 예측되고 있으므로 채권시장에서 개인의 비중은 더 높아질 것으로 예측된다.

채권수익률과 채권 가격은 거꾸로 움직인다

채권수익률과 채권 가격에 대해 혼동하는 투자자가 많은데, 확실하게 정리하고 넘어가도록 하자.

우선 채권수익률과 채권 가격은 거꾸로 움직인다는 것을 이해하자. 설명을 듣고 보면 아주 당연한 얘기다.

채권은 받을 돈이 딱 명시되어 있는 유가증권인데, 시중 금리는 계속 변화한다. 어떤 채권을 발행했을 당시 은행 금리가 3%라서 이 기준으로 채권을 발행했는데, 시중 금리가 갑자기 5%로 급상승했다. 수익률이 은행 금리만도 못한 3%짜리 채권을 누가 사겠는가? 채권의 가격을 낮추어서 수익률을 높여야 거래가 성사될 것이다. 즉 1억 원짜리 채권이 1억 원 이하의 가격으로 거래되는 것이다.

반대의 경우도 생각해 보자.

1년 전 금리 5%로 발행된 채권이 있다고 하자. 그런데 1년 만에 금리가 반토막이 났다. 만약 이런 상황이라면 이 채권을 매수하기만 하면 은행 금리의 2배에 가까운 이익을 취할 수 있을 것이다. 모든 사람들이 은행 예금을 찾아 이 채권을 사기 위해 줄을 설 것이다. 이럴 경우엔 채권의 가격이 올라갈 수밖에 없다. 즉 1억 원짜리 채권이 1억 원 이상으로 거래되는 것이다.

채권의 수익률이 올라간다는 것은 채권 가격이 떨어진다는 것이고, 수익률이 내려간다는 것은 채권 가격이 올라간다는 것이다. 이것이 바로 채권 가격과 채권수익률의 역 상관관계이다.

이 역 상관관계를 조금 더 자세히 들여다보자.

채권수익률이 상승하면 꼭 그만큼 채권 가격이 하락하고, 채권수익률이 하락하면 그만큼 채권 가격이 상승할까? 그렇지는 않다.

수익률 변화에 따른 가격 변화는 채권마다 다르다는 점을 알아두자. 그리고 대부분의 경우에 채권수익률 상승에 따른 가격 하락 폭에 비해 채권수익률 하락에 따른 가격 상승 폭이 크다. 쉽게 설명하자면, 채권 가격은 떨어질 때보다 오를 때 확 오른다는 말씀이다.

■ 말킬의 채권가격 정리

경제학자 말킬(B. G. Malkeil)은 이미 1962년에 채권 가격에 대해 아래와 같이 정리를 해 놓았다. 좀 어렵긴 하지만 한 번 읽어 둘만한 가치는 있다. 말킬의 정리는 이표채를 분석 대상으로 했다.

- **정리 1** : 채권가격은 채권수익률과 반대 방향으로 움직인다.
  (더 이상 설명이 필요 없는 당연한 얘기다.)
- **정리 2** : 채권 잔존기간이 길수록 채권가격 변동률은 커진다.
  (만기가 길게 남아있는 채권일수록 수익률에 따라 가격이 더 요동을 친다는 말이다. 그러니 장기채를 가지고 있으면 리스크도 크고 리턴도 크다고 이해하면 된다.)
- **정리 3** : 채권 잔존기간이 길수록 채권가격 변동률은 커지지만 증가 속도는 체감한다.
  (만기가 긴 것에 비례해 가격이 더 크게 움직이는 것은 아니란 얘기다.)
- **정리 4** : 채권수익률 하락으로 인한 채권가격 변동은 반대의 경우보다 크다.
  (채권수익률이 떨어지면 가격이 확 오르고, 채권수익률이 올라가면 가격이 찔끔 떨어진다.)
- **원리 5** : 표면금리가 높을수록 수익률 변동에 따른 채권가격 변동률이 작아진다.
  (수익률이 높은 채권일수록 덜 위험하다. 수익률이 낮은 채권은 더 위험하지만 투자 수익을 더 챙길 수도 있다.)

채권 수익률 확인하기

개인투자자 입장에서 채권을 투자해서 얻을 수 있는 실질수익률은 얼마이고, 연수익률은 얼마가 되는지 계산하기는 상당히 골치 아픈 일이다. 수학을 싫어하는 사람이라면 더 그럴 것이다. 그런데 이런 고민을 할 필요는 없다. 각 증권사가 제공하는 HTS가 있기 때문이다.

HTS를 이용하면 투자를 하기 전에 미리 수익률을 시뮬레이션 할 수 있다.

위의 표를 보자.

좌상단의 종목 코드에 적힌 동양증권83(신용등급 A-)이 관심종목이라고 가정해 보자.

만기상환을 목표로 하고, 법인이 아닌 개인투자자가 매수한다는 조건을 입력하면 된다.

매수 단가란 채권의 매수 가격인데, 보통 10,000원 단위로 이루어진다.

매수일을 2월 5일로 잡으면, 만기일과 매도일이 똑같이 2017년 5월 25일로 되어 표면금리는 6.8%의 이자율이 제시된다.

여기서 중요하게 보아야 할 것이 중도입금액이다. 이 채권을 사서 만기까지 가지고 있을 때 생기는 유동성의 총액, 쉽게 말해 이표채로 들어오는 이자의 총합계란 말이다.

4년 109일 동안 투자를 하면 세전 투자수익은 29,466,632원이고, 원천징수되는 세금은 4,506,550원이다.

이제 가장 중요한 수익률을 계산해 보자.

투자성과분석에서 세후의 총투자수익률과 연평균수익률을 보면 된다. 총투자수익률이란 지금 매수해서 만기까지 보유할 경우, 원금 대비한 수익률을 말한다. 세후 수익이 24,960,082원이 므로 수익률은 24.96%가 된다. 복잡하게 계산할 필요 없이 총투자수익률을 보면 지금의 내 원금 대비 만기수익률을 알 수 있는 것이다.

연평균수익률은 단순히 표면이자로 계산하는 것이 아니라, 실제 이 채권을 투자한 기간 동안의 수익률을 연평균 수익률로 환산해서 나타내 주는 지표다.

위의 표를 보면 연평균수익률이 5.80%다. 내가 이 채권을 지금 산다면 향후 1년간 평균적으로 5.8%의 수익률을 올릴 수 있다는 의미이다.

4
채권도 시장에서 거래된다

채권도 주식처럼 '상장' 되고 '공시' 된다

채권투자를 하고 싶다면, 청약을 받거나 채권시장에서 매수를 해야 한다. 채권 청약은 자주 있는 일이 아니고 내가 원한다고 원하는 만큼 매수할 수 있는 것도 아니므로, 대부분의 채권은 시장에서 거래된다.

그런데 거래소가 개설한 채권시장을 장내시장이라고 한다.

그렇다면 장외시장도 있다는 말인데, 장내시장이 무엇인지 알게 되면 자연히 개념이 잡힐 것이다. 채권이 장내시장에서 거래되려면 '상장'이라는 과정을 거쳐야 된다. 상장을 굳이 할 필요는 없지만 기업들은 기업의 공신력이나 홍보효과를 위해 상장을 한다.

기관투자자든 일반인이든 비상장 채권보다는 상장 채권을 더 믿을 수 있다고 여기기 때문이다. 거래소 홈페이지에 들어가면 상장된 채권의 가격, 신용등급 등 관련 정보에 대해 자세히 알 수 있다. 즉 장내시장은 불특정 다수가 상대방과 경쟁 거래를 하는 시장이다. 대부분 증권사 HTS를 이용해 거래를 하지만, 기본적으로 증권사와의 거래가 아니라 개인 간의 거래이므로 매수 후 투자 종목에 문제가 발생하더라도 증권사를 통한 보호가 불가능하니, 각별한 주의가 필요하다.

　상장 채권의 경우, 발행자들은 '공시'의 의무를 지기 때문에 공시를 잘 활용하는 것도 방법이다. 기업들은 주요 경영사항에 대해 정기적으로, 또는 특별한 사항이 발생하면 수시로 공시해야 한다. 주요한 영업활동, 합병 및 공시, 소송, 감사 의견 등이 모두 공시 대상이다.

거래하기 전에 꼭 알아야 할 것

　채권은 주식과 달리 만기보유를 기본으로 하는 상품이므로 기본 정보를 꼼꼼히 챙겨볼 필요가 있다. 거래하는 증권사의 HTS 화면에서 관심있는 채권 종목을 불러오면 '채권정보'라는 메뉴가 나온다. 여기에는 만기일, 이자 지급 시기, 이자율 등 기본 사항이 표시되며 발행 특이사항 등도 명기되어 있으므로 투자 종목을 선정할 때 필수적으로 확인해야 한다.

　또 채권 가격이 최근 급격하게 변화하지는 않았는지도 체크 항목이다. 채권의 가격이 급격히 낮아진다는 것은 시장에서 인기가 급락

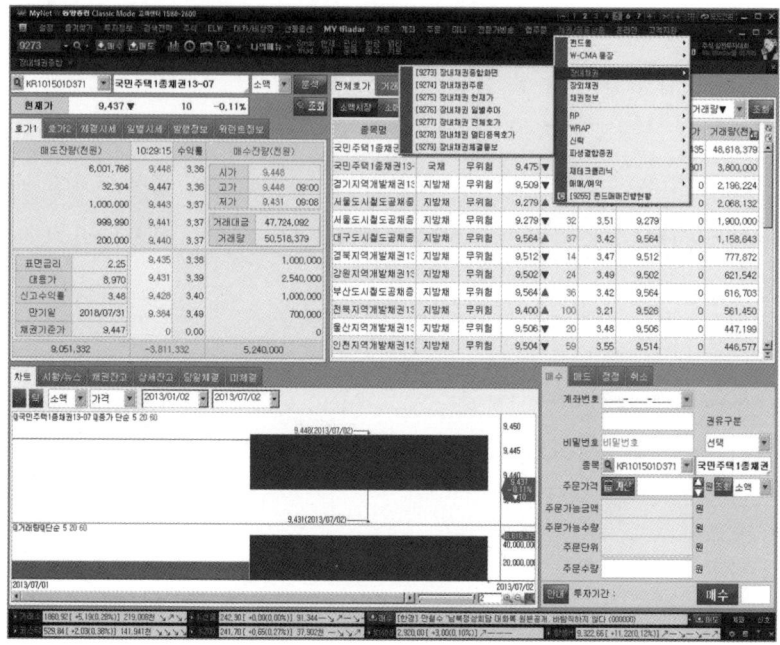

했다는 것인데, 신용도에 변화가 생기지 않았나 확인해 볼 필요가 있다. 투자 전 수익률 분석을 하고 싶으면 각 종목을 선택 후, 자신이 원하는 투자조건을 입력하면 우측 화면에 내용이 조회된다.

현재는 채권이 세전단가로 거래되므로, 실제 투자자가 채권을 매수하게 되는 단가를 의미한다. 세후매수단가를 신경쓰지 않아도 된다. 이러한 세전단가에 액면 금액을 곱하면 매수금액이 된다.

중도입금액이란 채권을 매수하게 되면 만기까지 실제 고객에게 지급되는 이자의 총합계이다. 이 때 중요한 것이 증권사의 수입이 되는 매수 수수료인데, 장내채권은 증권사마다 차이가 있지만 장외채권은 대부분 증권사에서 수수료를 받지 않는다.

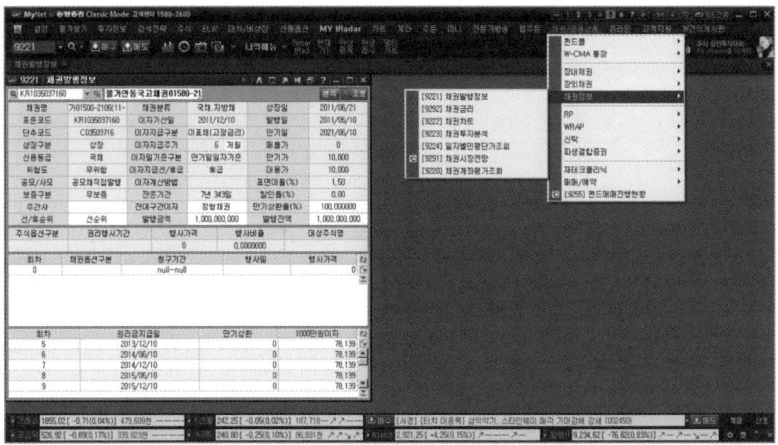

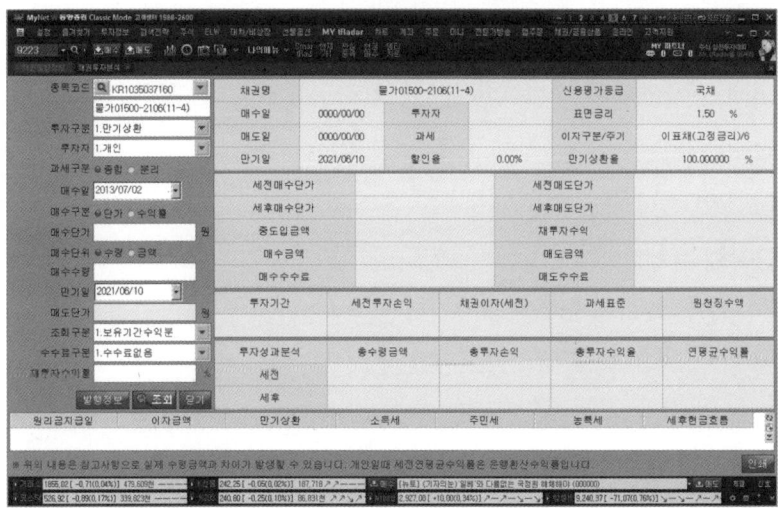

매수 관련 항목을 알아보았으니, 이제 매도 관련 항목을 살펴보자. 중도매도 금액을 알아보려면 매도 시점의 채권 단가인 세전매도단가를 보면 된다. 매도 시점엔 실제 총 이자소득 금액에서 세금을 징수하게 되므로 세후매도단가는 중요하지 않다. 매도금액은 매도 시

2장 채권 기본기 마스터하기 **71**

점의 액면가와 세전매도 단가를 곱해 산출되는 것이며 매도 수수료는 매수 수수료와 동일하다. 특이한 항목으로 재투자수익이 있는데 투자 후 중도에 받게 되는 이자 등을 재투자할 때의 수익률을 알 수 있다.

채권 매매는 어떻게 이루어지나?

채권의 가격이란 전일의 종가를 말한다. 이 가격을 기준으로 내가 얼마에 살 것인가를 결정해야 한다. 채권을 매수하려면 거래소 시스템에 내가 원하는 가격(호가)으로 접수하면 된다. 호가 접수시간은 오전 8시부터 오후 3시까지이며 거래시간은 오전 9시부터 오후 3시까지이다. 거래소도 휴장일이 있는데, 공휴일, 토요일, 근로자의 날, 그리고 12월 31일이다.

거래소 채권시장에는 투자자를 보호하기 위해 호가 입력 제한 규정을 두고 있다.

즉 전일 종가를 기준으로 30%를 초과하는 매수호가, 또는 30%에 미달하는 매도호가를 입력할 수 없도록 되어 있다. 예를 들어 전일 종가가 1억 원인 채권이라면, 사는 사람은 1억 3천만 원 이상을 부를 수 없고, 파는 사람은 7천만 원 이하로 낮출 수 없다는 것이다.

채권시장에서는 일정한 시간 동안에 접수된 모든 호가를 동시에 접수한 것으로 간주하고 하나의 가격으로 매매를 체결하는데 이를 '동시호가매매'라고 한다. 즉 매도 호가와 매수 호가의 합계 수량이 합치하는 가격으로 단일하게 형성된다는 것이다.

그런데 만약 채권의 매도 물량은 적은데 사려는 사람이 많다면? 혹은 매도 물량은 많은데, 사려는 사람은 적다면? 이렇게 매수와 매도가 일대일로 대응이 되지 않으므로, 채권의 매매에는 원칙이 필요하다. 채권거래에 있어서는 가격 우선, 시간 우선, 위탁매매 우선, 수량 우선이라는 4가지 경쟁 원칙에 따라 매매가 이루어진다.

매수와 매도 합계 수량으로 계산된 합치 가격이 만약 1억이라면 가격 우선 원칙에 의해 1억에 미달하는 매도호가와 합치가격을 초과하는 매수호가의 전 수량이 우선적으로 매매 체결될 것이다. 그리고 동일한 가격대라면 위탁매매호가가 자기매매호가보다 우선시 된다는 것쯤은 알아두는 것이 좋다.

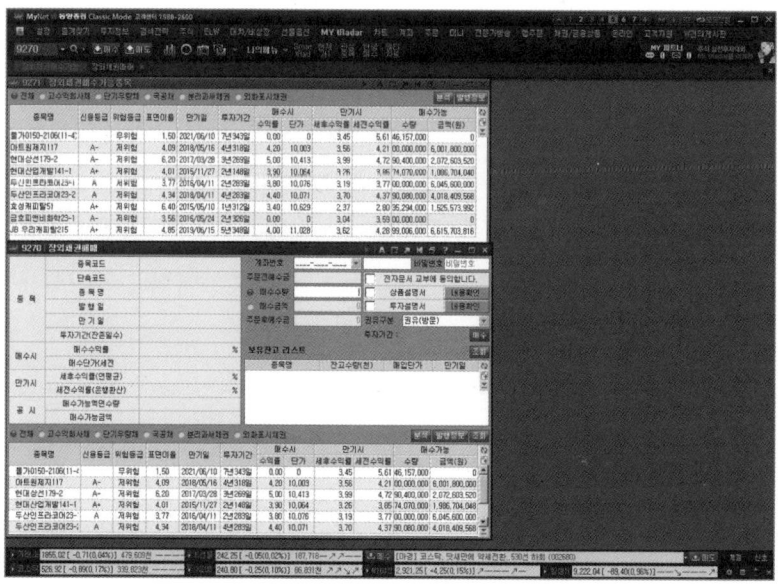

HTS 프로그램 상에서 어떻게 구매하는 것인지도 알아두도록 하자.

일단 본인의 계좌번호와 비밀번호를 입력한 후 상단의 매수 가능 종목 중에서 하나의 종목을 선택한다. 그 후 매수금액 내에서 매수 가능 수량을 입력하고 '매수' 버튼을 누르면 끝이다. 단, 자본시장통합법에 따라서 채권 매수 전에 상품설명서와 투자설명서를 받아야 하므로 프로그램 내에서 두 항목에 체크 후 관련 내용을 본인의 컴퓨터로 다운로드 받아 검토하면 된다.

시장 밖에 또 다른 시장이 있다

앞서서 채권은 거래소가 주도하는 장내시장에서 거래된다고 했다. 그런데 거래소 밖에서도 채권은 거래될 수 있으며, 이를 장외시장이라고 한다. 거래소 시장이 투자자 보호를 위해 제도화된 시장이라면, 장외시장은 자생적으로 생성되고 유지되는 시장이다.

상대적으로 장내시장보다 장외시장에서 매매가 활발하게 이루어지는데, 그 이유는 거래 포지션 및 투자전략을 노출하지 않아도 된다는 점 때문이다. 기관투자자의 경우 큰돈을 굴리기 때문에 자신의 전략이 노출되면 매매 운용에 있어 불리한 점이 많기 때문이다.

또한 장외거래는 장내거래보다 절차가 간단하다. 별도의 체결 절차 없이 쌍방간의 거래 확정내역만 전화나 팩스로 전달하면 매매행위가 끝난다. 만약 실수로 잘못된 주문이 들어갔더라도 결제 이전이라면 수량 또는 가격의 정정이 가능하다는 장점도 있다.

장내시장이 거래소라면 장외시장은 현실적으로 어디를 말하는 걸까?

대부분의 경우 증권회사 창구가 될 것이다. 채권은 개인보다는 기관투자자 간의 대형 매매 형태로 거래되는 경우가 많다. 즉 증권회사 간, 증권회사와 고객 간, 고객 상호 간에 상장 및 비상장 채권 구분 없이 모든 채권이 거래되고 있는 것이다. 장외시장은 거래소시장에서 거래가 어려운 채권에 유동성을 부여하는 역할을 하는데, 매매수량 단위는 관행상 액면가 100억 원의 정수 배이며, 증권회사 업무시간에 거래된다.

장내거래 시에 정규 수수료가 발생하는 것과 달리 장외거래에서 수수료라는 정확한 개념은 없다. 일반적으로 잔존 만기 1년 이상 채권의 경우에는 10,000원당 1원, 1년 미만의 경우 10,000원당 0.5원, 3개월 미만의 단기물인 경우 0.5원보다 낮은 수준으로 수수료 비용이 형성되어 있다.

거래하는 증권사에서 직접 파는 장외채권을 고객이 온라인상에서 매수할 수 있다. 즉, 증권사에 직접 방문하여 채권을 매매하지 않더라도 투자종목을 이미 선정하였다면 온라인 프로그램으로도 증권사에서 직접 파는 채권을 구입할 수 있다.

5
신용등급을 모르고
채권을 말하지 말라

채권에도 ABCD가 있다

채권의 수익 대부분은 이자율에서 발생한다. 그런데 이렇게 중요한 이자율이 산정되는 데는 여러 가지 척도가 필요한데, 그 중 가장 중요한 것이 바로 신용등급이다. 은행에 가면 대출자의 직업별로 신용도 순위를 매겨놓은 리스트가 있다. 리스트 상위권에 있는 변호사, 의사들은 보통의 회사원보다 저렴한 이자로 많은 액수를 대출받을 수 있다. 그만큼 돈을 떼일 염려가 없다고 판단하기 때문이다. 기업이든 국가든 마찬가지다. 신용도에 따라서 같은 돈을 빌리는데, 이자율이 천차만별이다. 신용이 불확실하고, 원금 회수가 불안한 채무자라면 웬만큼 많은 이자를 제시하지 않고서는 돈을 빌리기 어려운 것이다.

신용등급이란 2가지 기준을 고려한다. 첫째는 채무를 상환할 수 있는 능력이다. 채권의 만기까지 이자를 줄 수 있고, 만기 시에 원금을 돌려줄 수 있는 안정성을 보는 것이다. 둘째는 디폴트(부도) 발생 시 대처능력이다. 만일의 경우 디폴트가 발생하였을 때 그 채권을 감당할 수 있는 재무 및 유동성의 수준을 보는 것이다.

특수채나 회사채를 무보증사채로 공모 발행하거나 CP(기업어음)를 발행할 때 의무적으로 2개 이상의 신용평가기관으로부터 신용등급을 부여받도록 되어 있다.

이러한 채권의 신용등급은 투자자가 쉽게 확인할 수 있도록 알파벳 4글자, ABCD를 이용해 표시하고 있다. 크게 분류해 AAA부터 BBB-까지가 투자적격 등급이고 BB+ 이하가 투자부적격 등급이다. 투자 부적격 등급의 채권을 흔히 정크본드라고 부른다. 고위험, 고수익의 투기성 자금이 몰리는 채권을 말한다. 투자 시 상당한 위험성이 존재한다는 의미이니 웬만하면 투자를 피하는 것이 좋다.

회사채 등급 분류

- 투자 적격 등급
  - AAA : 원리금 지급 능력 최상
  - AA : 원리금 지급 능력 우수
  - A : 원리금 지급 능력은 우수, 경제여건 및 환경 변화에 취약
  - BBB : 원금 지급 능력은 양호, 경제여건 및 환경 변화에 따라 이자 지급 능력 불안

- 투자 부적격 등급
  - BB : 현재 문제는 없으나, 장래의 원리금 지급 능력을 안심할 수 없는 투기 성향 내포
  - B : 원리금 지급능력 결핍, 이자 지급에 대해 불확실
  - CCC : 원리금 지급에 대해 불안요소 있으며, 채무불이행 위험 존재
  - CC : 원리금 지급 및 채무 불이행 위험도가 CCC보다 한 단계 높음
  - C : 채무불이행 위험이 상당히 높고 원리금 상환 능력 전혀 없음
  - D : 상환 불가능 상태

6
채권도 세금 낸다

매매차익은 비과세, 이자만 과세

수익이 있는 곳에 세금이 없을 수는 없다.

앞서 배웠던 것을 다시 한 번 리마인드 해보자. 채권투자로 발생하는 수익이란 보유기간 중에 채권을 매도하는 경우 발생하는 매매차익(자본차익이라고도 한다.)과 약정이자율에 의한 이자소득이다.

채권은 위의 2가지 수익 중 이자소득에 대해서만 과세(개인은 15.4%)하도록 규정되어 있다. 물론 법인에 대해서는 세무조정을 통해서 자본차익까지 과세하게 되지만 우리는 신경 쓸 필요가 없다.

채권이자소득이 어떻게 계산되는지 자세히 알아보자.

원금과 이자를 만기에 일시로 받는 복리채나 단리채의 경우에는 권면액(채권 실물에 적혀있는 금액)과 만기에 실제로 받는 금액의 차이

2장 채권 기본기 마스터하기 **79**

가 될 것이다. 매수 시에 이자 부분을 할인해서 사는 할인채의 경우에는 권면액(만기에 실제로 받는 금액)과 실제 발행가액의 차이가 될 것이다.

그렇다면 투자기간 중에 이자를 받는 이표채의 경우에는 이자소득을 어떻게 계산해야 할까?

표면금리에 할증률과 할인율을 계산해야 한다. 이자를 받는 시기가 제각각이기 때문에 현재 시점을 기준으로 과거나 미래의 이자율을 계산할 때 할증과 할인이 필요하다는 말이다.

어렵다고 생각할 수 있지만, 원리가 그렇다는 것만 알면 된다. 증권회사나 거래서 홈페이지에 들어가면 친절하게 다 안내가 되기 때문이다.

이런 채권의 이자소득은 소득발생 시점마다 원천징수되는 것이 원칙이다. 한마디로 투자자가 신경 쓸 필요 없이 세금을 다 떼고 이자를 준다는 것이다. 그런데 하나 주의할 것이 있다. 만약 종합소득과세 대상이라면 연말에 당해 채권 소득을 다른 소득과 합산하여 납부할 세액을 재산출하는 과정을 거쳐야 한다.

채권형 펀드는 모든 수익에 과세

채권을 직접 투자하는 것이 아니라, 증권사의 펀드 매니저를 통해 간접투자하는 방법 중 하나가 채권형 펀드이다. 그렇다면 채권에 직접투자하는 것과 간접투자하는 것에 있어 세금 차이가 있을까? 결론적으로 확실히 있다!

　채권형펀드는 매도시점의 기준가격과 매수시점의 기준가격과의 차이를 배당수익으로 간주하고 세금을 부과한다. 이 경우 기준가격에 표면이자 수익 및 매매차익 부분이 모두 반영되기 때문에 투자자 입장에서는 직접투자와 비교할 때 더 많은 세금을 부담하게 되는 결과가 발생되는 것이다. 펀드에 대한 과세는 환매와 결산 시에 이루어지는데, 이 또한 펀드 판매사가 고객이 자금을 인출(환매)할 때마다, 혹은 결산 시점에서 원천징수하고 세후 소득을 지급한다.

3장

채권투자 실전 전략

좋은 채권 고르기부터 수익 내기 비법까지

채권투자·하기·전에·꼭·알아야·할·것들

1
채권투자
첫 단추를 꿰어라

채권투자 하기 전, 준비해야 할 2가지

당신이 채권투자를 하기로 마음먹었다면, 가장 먼저 해야 할 일은 무엇일까?

첫 번째, 계좌를 만들어라.

두 번째, 투자 파트너를 찾아라.

좋은 채권이 나왔을 때 바로 투자할 수 있도록 계좌를 개설하는 것도 중요하지만, 채권에 대한 정보를 알려주고 투자 팁을 줄 수 있는 투자 파트너를 만들어 두는 것도 중요하다.

개인투자자들이 가장 손쉽게 채권투자를 할 수 있는 곳은 아무래도 증권사이다. 다시 말해 주식을 하든 채권을 하든 증권사에 가서 계좌를 개설해야 한다는 말이다.

증권사에 가서 채권투자를 하고 싶으니 계좌를 개설해 달라고 하면, 아마 CMA 계좌를 만들어줄 것이다. 이 계좌는 수시로 입출금이 가능하므로, 내 돈을 넣어두고 다양한 금융상품을 사고팔고 할 수 있으며, 만기가 도래한 상품이라면 이 계좌로 돈이 바로 입금된다.

요즘 증권사 객장에 나가 주식 거래를 하는 사람들이 없다는 사실을 떠올려 보자. 대부분의 사람들이 HTS를 이용해 주식 거래를 한다. 채권 역시 HTS상에서 바로 매수매도가 가능하다. 증권사 HTS를 이용하기 위해서라도 증권사 계좌를 만들 필요다 있다는 말이다.

그렇다면 어떤 증권사에 가서 계좌를 만들까?

공자님 말씀이 되겠지만, 채권 정보가 가장 빠르고 많으며, 자세한 설명을 해줄 수 있는 증권사를 선택하는 것이 좋다. 각 증권사마다 중점적으로 다루는 금융상품이 있으므로, 일괄적으로 큰 증권사가 좋다고 말하기는 힘들다. 다시 말해 어떤 증권사는 주식을 중점적으로 다루고, 다른 증권사는 채권 등 기타 금융상품 비중이 높을 수 있는 것이다.

어쨌든 어떤 증권사에서 채권 물량 확보를 잘 하는지, 그동안 무리하게 채권을 판매해 위험을 겪은 적은 없는지 알아보는 것도 필요하다.

채권투자의 핫라인, 투자 파트너

증권사를 비롯한 금융기관들은 매일같이 채권투자에 관한 각종 자료들을 쏟아낸다. 개인투자자의 입장에서 이 모든 자료를 탐색하고 판단할 능력도 없고 시간도 없다. 그러므로 투자자의 성향과 목적에 맞는 적절한 투자 정보를 줄 수 있는 파트너를 두는 것이 최선이다.

투자 파트너를 단순히 좋은 채권을 골라주는 사람으로 한정하면 안 된다. 금리, 환율 등 전체 채권시장의 변화를 지속적으로 모니터링 해줌은 물론, 개별 채권의 변화에 대해서도 조언을 해주는 파트너여야 한다. 채권은 기본적으로 만기 투자를 원칙으로 한다.

종목의 가치나 발행자의 신용도, 기업의 경영상태나 재무구조도 얼마든지 변화할 수 있다. 주식 종목을 매일 체크하고 관련된 공시나 뉴스를 모니터링 하는 것과 다르지 않다. 이는 만기 홀딩 전략을 구사하든, 매매 차익을 노린 투자 전략을 사용하든 마찬가지이다.

또한 채권 역시 원금 보장이 되는 상품은 아니므로, 내가 보유한 채권이 워크아웃이나 법정관리 등 원금 회수에 불확실성이 높아지는 사태가 발생했을 때 그러한 상황에 잘 대처할 수 있는 파트너는 아주 큰 힘이 된다. 개인투자자가 법정관리를 비롯한 기업 회생절차 상황을 그때그때 알 수기 없기 때문이다. 좋은 상황에서는 물론이고, 안 좋은 상황이 발생했을 때도 함께 고민을 나눌 수 있고 정확한 정보를 신속하게 제공해줄 수 있는 파트너는 너무나도 중요하다.

추가로 알아두어야 할 것이 각 증권사마다 취급하는 채권의 종류가 다양하다는 사실이다. 따라서 꼭 한 회사만의 상품을 고집할 필요는 없다. 다양한 증권사에서 취급하는 상품 중에 자신에게 맞는 상품을 골라줄 안목과 자세한 설명과 컨설팅을 해줄 수 있는 파트너를 정하고, 그 사람과 연결된 증권사 계좌를 개설하면 된다는 얘기다.

2
좋은 채권 고르는 법

채권은 옷 고르듯이 해라

우리가 백화점에 가서 옷을 고른다고 생각해 보자. 어떤 사람이 입은 옷을 보고, 자기도 그 옷이 멋있어 보인다고 사입는 사람은 없다. 자신의 지갑도 생각해야 하고, 출근할 때 입을 건지 외출용인지 옷의 용도도 생각해야 하고, 자신의 체형은 물론 추구하는 패션 스타일도 감안하기 때문이다. 그러므로 누군가에게는 최고의 옷이, 다른 누군가에게는 그다지 매력적이지 않은 옷이 된다.

채권도 마찬가지다. 물론 수익성이나 안전성과 같은 절대불변의 원칙에 들어맞는 채권이 좋은 채권이기는 하다. 하지만 수익성과 안정성도 좋고 유동성도 좋고 장래 전망도 좋은 채권이란 존재하지 않는다. 좋은 채권의 조건들이란 어느 것 하나를 양보해야 다른 것이 좋아지는 역의 관계에 놓여 있기 때문이다. 그러니 좋은 채권이란 것이 있어서 어느 날 하늘에서 뚝 떨어지는 것이 아니라, 나한테 딱 맞는 채권이 좋은 채권이란 인식의 전환이 필요하다.

채권투자가 개개인의 상황에 따라 다르다고는 하지만 20대 투자자가 2~3%대의 금리를 받기 위해 국채투자를 한다든지, 은퇴한 사람이 투기등급의 고금리 채권에 투자한다는 것은 투자의 기본에서 벗어났다고 볼 수 있다. 자신의 연령과 환경과 투자규모에 따라 어느 정도 기본적인 틀을 유지하고, 그 안에서 자신의 투자 전략을 세우는 것이 현명할 것이다. 셀 수 없이 수많은 종류의 채권이 존재하는 채권시장에서 이런 명확한 기준이 없다면 다른 사람의 말에 휘둘려 실수를 하게 되거나, 나중에 후회하는 일을 겪게 될 것이다.

좋은 채권, 나쁜 채권, 피해야 할 채권

"아주 좋은 채권이 있는데…"

거액 자산가인 투자자 A씨는 여러 증권사로부터 좋은 채권이 있다는 전화를 하루에도 몇 통씩 받고, 이메일로 자료도 받아본다. 투자에 도움이 될 것이라고 생각해 특별히 요청해 둔 것인데, 그러한 자료와 설명을 들으면 들을수록 오히려 혼란만 가중되는 경험을 했다.

한 증권사에서는 분명히 좋은 채권이라고 했는데, 다른 증권사에서는 피해야 할 채권이라고 말하기 때문이다.

개인투자자라면 아마 이러한 상황을 한두 번쯤은 겪었을 것이다.

좋은 채권에 대한 명확한 기준과 원칙이 없는 상황에서 무분별한 정보만 얻다 보니 그러한 정보에 대한 판단 능력이 키워지지 않았기 때문이다. 그렇다면 진짜 좋은 채권이란 무엇일까?

좋은 채권은 쉽게 말해서 '안정성에 비해 수익성이 좋은 채권'이라 할 수 있다.

자, 위의 말을 곱씹어볼 필요가 있다. 왜 '수익성에 비해 안정성이 좋은 채권'이라고 말하지 않았을까? 채권은 누차 강조하지만 수익성보다는 안정성을 보고 투자하는 상품이다. 만기 때까지 내 돈을 잘 늘여가겠다는 것이 채권투자의 기본 취지다. 이런 원칙을 어기려고 한다면 주식투자를 하지 채권투자를 할 필요가 없다.

"나의 투자 스타일은 위험을 감수하는 거야!"라고 말하며, 무조건 높은 이자율을 제시하는 채권에 투자하는 것은 상당히 위험하다.

좋은 채권이 '안정성에 비해 수익성이 좋은 채권'이라면 나쁜 채권은 '안정성에 비해 수익성이 낮은 채권'이 될 것이다.

안정성을 일정 부분 희생한다는 것은 좀 더 높은 수익이 약속되어야지 투자의 매력이 있다고 할 수 있다. 간혹 상당히 부도 위험이 크거나 재무구조가 좋지 않은데도 수익률이 그 리스크에 미치지 못 하는 채권이 있다. 이런 채권은 다른 채권보다 수익률이 조금 높을지라도 투자를 피해야 하는 나쁜 채권이다.

또한 업황이나 기업경영 등에 변동 요인이 많거나 외부 충격에 따른 기업의 재무구조가 불안한 회사의 채권은 피해야 한다. 지금은 좋을지 모르지만 어떤 상황이 발생했을 때 쉽게 흔들릴 수 있는 채권은 결코 좋은 채권이 아니다.

여기에 덧붙여 조심해야 할 것이 있는데, 지나치게 가격에 거품이 형성되어 있는 채권이다. 또한 기업의 펀드멘탈에 비해 신용등급을 지나치게 좋게 받은 채권도 골라내는 작업을 해야 한다. 사실 채권은 수요 예측을 통해 어느 정도 시장에서 통용되는 가격으로 발행되므로 시장 가치를 반영하고 있다고 볼 수 있지만, 몇몇 종목은 그렇지가 않다. 거짓 정보나 잘못된 정보를 바탕으로 가격이 형성될 수 있으므로 이런 채권은 피해가는 안목이 필요하다.

회사채냐 국채냐, 그것이 문제로다

채권투자자라면 이미 두 갈래 갈림길에 서있는 것이나 다름이 없다.

'회사채에 투자할까, 국채에 투자할까' 한번쯤 고민하지 않은 사람은 없을 것이다. 채권 관련 보고서나 뉴스에서 회사채와 국채 간의 스프레드가 어쩌고 저찌고 하면서 내걸 구노를 조성하는 경우가 많기 때문이다. 자, 그렇다면 이 질문에 대한 답을 찾아보도록 하자.

회사채냐, 국채냐? 안정성은 국채가 높지만 수익률이 상대적으로 낮고, 반대로 회사채는 안정성은 국채보다 낮지만 기대수익률은 상대적으로 높다.

투자기간으로 본다면 국채는 장기투자에 적합하고, 회사채는 단기와 중기 투자에 적합하다. 그러나 국채 중에서도 시장의 금리 변화에 민감하게 반응하는 채권이 있는가 하면, 그렇지 않은 채권이 있다.

회사채 역시 금리 상황에 민감하거나 둔감할 수 있다.

유동성, 즉 현금화 가능성에 있어서도 보통의 경우엔 국채가 더 용이하지만, 우량채권의 경우에는 유동성에 문제가 없는 경우가 많으므로 그때그때 경제상황 및 채권 거래량 등을 보고 결정해야 한다.

일반적인 정답은 없지만, 특정한 상황에서는 정답이 있을 수 있다. 회사채냐 국채냐에 대한 정답을 어느 정도 제시해 주는 기준이 바로 회사채의 신용 스프레드(국고채와 회사채의 금리 차이)다. 스프레드가 축소되면 위험을 감수하면서까지 굳이 회사채에 투자할 필요가 없어진다. 스프레드가 확대되면 회사채 투자를 서둘러야 할 것이다.

그런데 여기에도 함정이 있다. 신용 스프레드가 단순히 경제상황에 따라 결정되는 것이 아니라, 수급상황이나 다른 요인들에 의해 결정될 수도 있기 때문이다. 투자 시점에서 신용 스프레드가 어떤 이유로 늘어나고 줄어들었는지 알아볼 필요가 있다.

어쨌든 회사채가 국고채보다 수익률이 높은 것은 확실하다. 스프레드에 얽매이기 보다는 기업의 부도 위험이 줄어든 상황이라면 과감하게 회사채에 투자하는 것도 좋은 방법이다.

신용등급과 수익률이 똑같다면?

조건이 거의 비슷한 채권 중에서 어느 하나를 골라야 한다면, 고민이 될 것이다.

이럴 때는 간단한 해결책이 있다. 그 채권을 발행한 기업의 업황을 보는 것이다. 신용등급은 기업의 현재가치에 치중한 척도이므로 신용등급이 같을 때는 기업의 아웃룩, 즉 기업의 미래가치에 대한 신용도를 파악해야 한다는 의미이다.

주식투자를 해 본 사람이라면 주식 종목 관련 보고서에 투자의견에 덧붙여 앞으로의 전망에 대한 의견이 나온다는 사실을 알 것이다. 국제신용평가사들도 한 국가나 기업에 대한 신용평가를 내놓을 때 신용등급뿐 아니라 안정적 혹은 부정적인 코멘트를 함께 내놓는다. 같은 신용등급이라 해도 향후 전망은 다르다는 것이다.

어떻게 보면 현재의 신용등급보다 앞으로의 전망이 더 중요할 수도 있다. 투자란 현재가 아닌 미래를 보고 하는 것이기 때문이다. 아웃룩이 부정적인 경우 앞으로 신용등급이 하락할 가능성이 크다는 의미이기 때문이다.

또한 업황의 흐름에 영향을 많이 받는 업종의 경우, 위험성이 더 클 수밖에 없다. 해당 기업의 노력과는 상관없이 위기가 찾아온다면, 대처할 수 있는 방법을 찾기 어렵기 때문이다. 생각지 못 한 일로 어느 날 갑자기 재무구조가 악화될 가능성이 높다는 뜻이니, 채권투자에 있어서는 업황의 변동에 민감하지 않은 업종을 투자 대상으로 삼는 것이 현명하다.

예를 들어 보자.

건설업, 해운업, 조선업의 경우 설사 현재 좋은 재무구조를 가지고 있다 해도 글로벌 경기 변화에 따라 순식간에 자금의 흐름이 막히거나 불안정해질 구조를 가지고 있다. 그 업종에 불황이 찾아오거나 규제가 심해지게 되면 영업환경은 급격히 나빠질 수 있는 취약 업종인 것이다.

반면 수요가 꾸준하게 발생하는 제조업종의 경우에는 경제상황이나 글로벌 상황에 크게 영향을 받지 않으므로, 그런 종목을 선택하는 것이 보다 안정적이다. 딱히 어떤 업종, 어떤 종목을 추천해주는 것은 무리가 따르지만 언론사와 관련된 회사들, 정부정책과 계절적인 요인에 있어 항상 실적이 동반되었던 기업 위주로 관심을 가지라는 투자 팁은 전해줄 수 있다.

3

채권에게 투자기간이란?

짧게 투자할까, 길게 투자할까?

채권투자에 있어 가장 중요하게 고려해야 할 것이 만기, 즉 돈을 투자하는 기간이다.

채권은 은행예금처럼 언제든 현금으로 바꿀 수 있는 것이 아니며, 채권의 투자 대상은 언제든 부실의 징후가 나타날 수 있다. 채권이 분명히 안전 자산이긴 하지만 무조건 길게 투자하는 것이 좋은 것은 아니다. 투자 기간이 길어진다는 것은 그만큼 불확실성이 커진다는 것과 같은 의미이다.

쉽게 이해하기 위해서는 예를 드는 것이 가장 좋다.

누군가 당신에게 이런 질문을 했다.

"앞으로 한 달 안에 삼성전자가 망할 확률은?"

당신은 아마 어이없어 할 것이다. 국가 보다 공신력이 높다는 우리나라 대표기업인 삼성전자가 망하다니, 그럴 가능성은 매우 희박하다고 생각할 것이다.

그런데 이런 질문을 받으면 어떨까?

"삼성전자가 앞으로 10년 안에 망할 확률은?"

당신은 아마 앞선 질문에 답한 시간보다 많은 시간을 고민할 것이다.

한 달 안에 보다는 1년 안에, 1년 안에 보다는 5년 안에, 5년 안에 보다는 10년 안에, 이렇게 기간이 길어질수록 대답하기는 더욱 힘들어진다. 아무리 세계최고의 기업 삼성전자라 할지라도 언제 어떻게 될지 아무도 모른다.

만약 미국의 어떤 기업이 스마트폰을 능가하는 혁신적인 기기를 개발해 전세계 IT업계에 엄청난 지각변동을 몰고 올 수도 있다. 삼성전자는 하루아침에 시장의 후발주자로 전락할 수도 있다. 한때 세계를 호령했던 일본의 전자업체, 소니와 파나소닉의 사례를 보면 충분히 일어날 수도 있는 일이다. 또한 삼성전자가 마케팅을 잘못해 시장의 경쟁력을 잃어버리고, 서서히 침몰하는 시나리오를 써볼 수도 있다.

절대 삼성전자에 악감정이 있어 악담하는 것이 아니다. 세계경제 질서는 언제 어떻게 변할지 모르는 살얼음판이고, 특히 IT업계의 지각 변동은 순식간에 기업의 순위와 운명까지 바꿔놓는다.

삼성전자가 언제까지 지금의 영광을 이어갈지는 아무도 장담하지 못 한다는 것이고, 그것은 예측해야 되는 시간이 길어질수록 불확실성은 점점 더 커진다는 것이다. 그렇게 대단하다는 삼성전자가 이런

데, 일반 기업들의 경우는 어떨까? 실물에 투자하는 부동산과는 달리, 투자 기간이 짧은 은행예금이나 주식과는 달리, 채권 투자자들이 투자 기간에 더욱더 많은 관심을 기울여야 되는 이유가 바로 이것이다.

저성장시대라고 무조건 장기채 투자는 금물

저성장 기조가 나아질 기미가 안 보이자 장기채가 인기 아이템으로 떠오르고 있다.

2012년부터 국고채 시장이 단기물에서 장기물로 빠르게 변화하고 있고, 지표채권(채권 가격을 결정하는 기준이 되는 채권)을 만기 5년물에서 10년물로 바꾸겠다는 정부 의견이 나오고 있다. 2013년 연초에는 10년물 이상 장기채의 거래 규모가 최근 5년내 최고치를 경신하기에 이르렀다. 발행 규모 역시 급증하고 있다.

이러한 모습은 긍정적인 측면에서 보면 우리나라가 그만큼 세계 자본시장에서 선진국 대우를 받고 있다는 증거이다. 채권 장기물에 대한 선호 추세는 재정건전성을 밑바탕에 깔고 있기 때문이다.

그런데 저성장 기조이면 무조건 장기채가 유리할까?

저성장이란 경기가 후퇴를 하는 것은 아니지만, 성장세가 아주 둔화된다는 의미이다. 그러니 물가 역시 올라가는 폭이나 속도가 둔화될 뿐이지, 정체가 되는 것은 아니다. 즉 저성장 국면이라 하더라도 물가는 지속적으로 상승을 하게 된다.

물가에 부담을 느끼는 정부는 저성장 국면이라도 금리인하가 아닌 금리 인상 카드를 들고 나올 수 있다. 장기채의 경우 사실 몇 달 내의 기준금리 변동에 크게 영향을 받지는 않는다. 금리인하를 한 번 했다고 하더라도 장기채로 엄청난 매매차익을 노릴 수 없는 구조이기 때문이다.

2012년은 채권투자자에게 상당히 좋은 시기였다. 그만큼 금리인하의 횟수와 폭이 뒷받침되었기 때문이다. 이러한 추세는 2013년 상반기의 금리인하로 이어졌다. 미국과 일본, 유럽 등에서 강한 금리인하 움직임이 나타났기 때문이다.

하지만 현 시점에서 장기채를 매수한다면, 큰 이익을 얻지 못 할 수도 있다. 연속적인 금리 인하로 국내 수입물가에 대한 우려감이 커져 정부나 한국은행이 앞으로 추가적인 금리인하를 단행할 가능성은 매우 낮기 때문이다. 최근 장기채에 대한 쏠림현상이 줄어드는 것이 아마 그런 이유일 것이다.

또한 앞으로 선진국 중심으로 유동성 회수의 움직임이 나온다면, 이머징 마켓에 투자한 자금이 회수될 가능성이 높다. 지금 장기채를 사서 보유하면 큰 수익을 낼 것이라는 확신을 가지기에는 상황이 좋지 않다. 금융기관들은 장기채를 저성장 시대의 투자 대안으로 제시하고 매매차익과 고수익률만 부각시켜 대박 상품으로 포장하기도 한다. 분위기에 휩쓸려 하는 투자는 꼭지를 잡기가 쉽다. 기본적으로 단기 매매차익을 노리고 장기채에 투자한다는 것은 잘못된 자세임을 명심해야 한다.

> **지표채권**
>
> 말 그대로 채권의 가격을 매길 때 지표가 되는 채권이다.
> 어떤 채권이 지표채권이 되느냐는 시장에서 결정되는 사항이지만, 통상적으로 위험성이 낮고 유동성이 높은 국채가 사용된다.
> 국채가 적절한 지표채권으로 육성될 경우, 정부는 재정자금을 적기에 낮은 비용으로 조달할 수 있고 다른 금융상품의 가격과 다양한 경제 지표들을 예측하는 정보를 제공해줄 수 있다. 그 밖에 통화정책의 실효성까지 높여주는 장점이 있다. 현재 우리나라는 국고채권이 지표채권의 역할을 하고 있다.

비슷한 조건이라면 만기가 짧은 채권이 좋다

개인투자자의 경우 채권에 투자하면서 매매차익을 노리는 전략을 구사하는 사람은 드물다. 보통 만기까지 홀딩하여 이자를 취하게 된다.

여기서 채권투자만의 팁이 나온다. 주식은 어떤 기업의 성장성을 보고 투자하는 것이지만, 채권은 냉정하게 말해 그 기업이 성장을 하든 말든 그냥 만기까지 망하지만 않으면 되는 것이다. 망하지 않고 만기까지 잘 버텨서 내 이자만 정확하게 주면 고마운 것이다. 만기가 끝나고 그 기업이 부도가 나든 망하든 아무 상관이 없는 것이다.

그러니 채권에 있어 투자기간이란 얼마나 중요한가?

따라서 비슷한 조건의 채권을 놓고 고민을 한다면 가급적 만기가 짧은 채권에 투자함으로써 시간이 주는 불확실성과 위험을 최대한 줄이는 것이 좋은 투자라고 할 수 있다.

만기가 짧은 채권에 투자해야 되는 이유는 또 있다. 바로 현금 유동성이라는 측면 때문이다. 내가 보유한 채권은 다른 사람에게 팔 수 있다. 하지만 내가 원할 때 마우스 클릭만으로 쉽게 사고팔 수 있는 주식과 비교해 보면, 채권 자체의 유동성이 떨어진다고 할 수 있다.

국채의 경우, 활발한 거래시장이 있고 수많은 기관투자자를 비롯한 투자자들이 서로 사고파는 것이 일반화되어 있기 때문에 현금화가 쉽다.

하지만 회사채의 경우는 얘기가 조금 달라진다.

앞에서도 말했지만 우리나라 채권 거래의 대부분은 장외시장에서 이루어진다.

장외시장은 특성상 1:1 거래로 이루어지므로, 매수자를 찾지 못하면 채권을 팔 수 없다. 내가 가진 채권을 현금화 할 수 없는 난감한 상황이 종종 발생된다. 채권의 환금성이란 다른 투자 수단에 비해 상당히 제한적이란 사실을 알아두어야 한다.

나는 장기적으로 투자를 할 것이므로 해당사항이 없다고 생각하는 사람도 분명 있을 것이다. 그러나 앞서 보지 않았는가? 삼성전자도 어찌 될지 모르는 것이 세상사다. 지금 당장은 쓸 필요가 없는 돈이라서 장기투자할 작정을 했다 하더라도 급하게 현금이 필요한 일은 언제든지 생길 수가 있다. 따라서 비슷한 신용등급에 비슷한 조건이라면 만기가 짧은 채권에 투자하는 것이 불확실성에 대비하는 안전한 투자가 될 것이다.

4
치고 빠지는
단기 투자

단기 투자의 짭짤한 매력

우리가 아무리 투자를 계획한다 해도 먼 미래까지 정확하게 예측할 수는 없다. 돈이 필요한 정확한 시기와 금액을 가늠하기 어렵다는 말이다. 자신의 환경이 변함에 따라, 혹은 외부 상황이 변함에 따라 투자에 있어 불확실성이라는 것이 항상 존재한다.

그러므로 확실하게 어느 시점에서 현금화 해야 하는 자금이라면 아무리 높은 수익률을 주더라도 투자를 자제해야 한다. 만기가 짧은 상품들에 계속 재투자를 함으로써 유동성을 확보해야 한다는 것이다.

그런데 단기 투자란 어느 정도의 기간을 말하는 걸까? 1년이란 투자기간이 어떤 사람에겐 장기가 되고, 어떤 사람에겐 단기가 될 수 있기 때문에 일상적으로 통용되는 기준을 알아두는 것이 좋겠다. 보통 3개월 미만을 초단기 투자, 1년 미만을 단기 투자, 3년 이상을 장기투자라 분류한다.

투자기간이 길면 금리가 높고, 투자기간이 짧으면 금리가 낮은 것은 상식이다.

그런데 최근 단기 상품 중에서도 기간과 안정성에 비해 꽤 높은 금리를 주는 상품들이 많이 등장했다. 과거에 CMA 열풍이 불던 시절처럼 단순히 관심이 집중된 것이 아니라, 단기 투자의 특징과 수익성을 따져서 투자하는 똑똑한 투자자가 늘어나고 있는 것이다.

입출금이 자유롭다는 장점 하나 때문에 은행의 요구불 통장에 돈을 묶어두는 것은 어리석은 짓이다. 짧은 기간이지만 잘 살펴보면 돈을 굴릴 수 있는 방법은 무궁무진하다. 그런데 채권 관련해서 단기 투자란 어느 정도의 기간을 말하는 걸까?

단기 채권이란 게 따로 있나?
CP(기업어음) 완전정복!

개인투자자가 단기로 자금을 운용하는 방법을 2가지로 나눠서 생각해 보자.

첫째 직접 단기 채권을 사는 방법, 둘째 채권 관련 상품에 투자하는 단기 금융상품에 가입하는 방법이 그것이다. 전자가 채권에 본인이 직접 투자하는 것이라면, 후자는 전문가를 통해 채권에 간접적으로 투자하는 것이다. 그런데 둘 중 어떤 방법이 더 유리할까? 자금관리에 시간과 노력을 투여할 수 있는 사람이라면 직접 투자가 수익성을 높일 수 있는 방법이고, 그렇지 못 하다면 마음 편하게 간접 상품에 가입하는 것이 좋을 것이다.

그런데 여기서 의문을 가질 법하다. 대부분의 채권은 적어도 3년 이상의 만기를 가진 장기투자 상품인데, 어떻게 단기 채권에 투자하란 말인가? 단기 채권이란 것이 따로 존재한다는 말인가?

결론적으로 말하자면 CP(기업어음)를 단기 채권이라 분류한다.

CP란 기업이 단기간에 필요한 자금을 조달하기 위해 발행하는 융통어음이다. 분명히 '어음'이라고 했다. 여기서 어음이란 개념을 정확히 알고 넘어가야 한다. 어음이란 특정한 시점에 돈을 갚겠다는 약속 증서이다. 어음을 받은 사람은 만기일에 어음을 발행한 자(회사)로부터 정해진 이자와 함께 원금을 받을 수 있는 권리를 가지고, 어음을 발행한 자는 돈을 지급해야 하는 의무를 가진다. 채권과 뭐가 다르다는 건지 헷갈리기 시작할 것이다.

어음과 채권은 기본 개념은 똑같지만, 2가지에서 큰 차이를 나타낸다. 바로 '만기'와 '발급절차'의 차이다.

첫째, CP의 경우 만기는 보통 1년 미만이며 대부분 3개월, 6개월, 1년 단위로 발행된다. 채권에 비해서 만기가 엄청나게 짧다는 차이가 있다. 둘째, 투자기간이 짧다는 특성 때문에 회사의 재무구조라든가 재정상태에 대한 정확한 공개를 하지 않아도 쉽게 채권을 발행할 수 있다. 채권의 경우 발행 조건을 아주 까다롭게 의무화 하고 있지만, CP는 그로부터 자유롭다.

한마디로 CP는 기업들 입장에서는 아주 쉽게 단기 자금을 확보할 수 있는 수단이지만, 투자자 입장에서는 주의를 요하는 투자 상품인 셈이다.

CP의 이런 문제점을 인식해 2013년부터 CP 발행시 금융감독원에 증권신고서를 반드시 제출해야 하는 등 새로운 규제 조항이 만들어지면서 투자의 투명성과 안정성을 확보하려는 노력이 나오고 있다. 앞으로 CP의 투자환경은 더 좋아질 것으로 예측할 수 있다.

CP, 신용평가등급만 믿으면 낭패 본다

CP가 채권에 비해 발행하기가 쉽다는 것을 뒤집어 생각해보면, 채권에 비해 위험할 수도 있다는 것이다.

어떤 기업이 CP를 발행하는 상황을 시나리오로 각색해 보자.

A기업은 최근 매출이 떨어지면서, 몇 달째 적자를 이어오고 있다. 점차 재무구조가 악화되기 시작하고, 거래처에 결제대금을 지급하는 것이 점점 어려워지고 있다. 보유하고 있는 부동산을 처분하고자 했지만 사겠다는 사람이 나서지 않는다. 업계에 A기업의 상황이 좋지 않다는 소문이 퍼져 어떤 은행도 대출해 주지 않는다. 이미 악화된 재무구조 아래서 채권을 발행할 수도 없다. 매일매일 급박한 상황이 연출된다. A기업은 마지막으로 CP 발행을 결정한다.

사실 모든 기업들이 이런 막다른 상황에서 CP를 발행하는 것은 아니라 해도, 이런 상황이 충분히 연출될 수 있음을 명심해야 한다.

그렇다면 투자자 입장에서 어떻게 하면 좀 더 안전하게 CP투자를 할 수 있을까? 뾰족한 수는 없다. 기업의 재무구조를 이해하고 투자하는 방법밖에 없다. 이 재무구조 중에서도 가장 중요한 것이 현금의 흐름이다.

현금이 얼마나 융통성 있게 물 흐르듯 흘러가느냐를 확인해야 한다. 아무리 견실한 기업이라 할지언정 돌아오는 어음을 막지 못하거나 채권 만기 상환을 하지 못 하면, 그 순간 바로 부실기업으로 전락하는 것이다.

최근 삼부토건과 LIG건설이 그러한 사례이다. 특히 LIG건설은 대기업이라는 이미지가 강하고 절대 안전하다고 생각했던 경우이기 때문에 투자자들의 충격은 컸다. 무엇보다 LIG건설의 법정관리가 발표되기 며칠 전까지도 금융기관에서 CP를 판매했기 때문에 투자자들은 거의 패닉상태에 빠지게 되었다.

CP가 위험성을 내포한 투자라고 해서 무조건 겁낼 필요는 없다.

위의 사례가 있긴 하지만, 대기업의 계열사가 3개월 이내에 부도가 날 확률은 현실적으로 상당히 낮기 때문이다. 정 불안하다면 1개월에서 3개월 안팎의 초단기 투자를 통해 투자금을 빠르게 회수하는 전략을 구사할 수 있다. 단기 금융상품에 돈을 넣어두는 경우 2.8%대 내외의 투자 수익이 가능하지만 CP에 투자하는 경우 3%에서 6%대까지도 수익률이 가능하기 때문이다. 특히 투자금의 규모가 클수록 수익성에서는 큰 차이를 볼 수 있다.

이 글을 읽는 독자들은 기업의 '신용등급'을 보고 투자하면 되지 않느냐고 반문할 수 있다.

CP를 발행할 수 있는 기업의 신용등급은 대부분 A이다. 앞서 얘기한대로 CP는 재무상태를 공개하지 않고 발행이 가능하기 때문에 어느 정도 발행을 제한하는 것이다. 그런데 A등급이라고 무조건 안심해도 될까? 국내 신용평가 회사들은 투자자 편에서 그렇게 철저하게 신용을 분석해주지 않는다.

보통 사태가 터지고 나면 신용등급을 내리는 때늦은 후속조치를 취하는 경우가 많다. 금융당국이나 신용평가사가 가이드라인을 줄 수는 있다. 하지만 투자자 자신이 투자하려는 기업의 재무건전성을 직접 확인하는 것이 가장 정확하고 안전한 투자의 지름길이다.

CP 등급표

A1 : 적기 상환능력 최상이며 상환능력의 안정성 또한 최상
A2 : 적기 상환능력 우수하나 안정성은 A1에 비해 다소 떨어짐
A3 : 적기 상환능력 양호하나 안정성에 대한 부분이 A2에 비해서 다소 떨어짐
↑투자 적격 등급
──────────────────────────────────
↓투자 부적격 등급
B : 적기 상환능력은 적정하지만 단기적 여건 변화에 따라서 안정성이 투기성으로 변할 가능성 있음
C : 적기 상환능력 및 안정성에 대해서 모두 투기성 있음
D : 상환능력 불능 상태

건설업종은 빨간 불, 금융업종은 파란 불

CP투자를 개별 기업이 아닌 업종이라는 기준으로 생각해 보자.

특별히 피해야 할 업종, 상대적으로 유리한 업종이 있을까? 이 질문에 대한 답을 찾기 위해서는 CP의 기본 속성을 다시 생각해 보면 된다. CP투자에 성공하기 위해서는 초단기, 그러니까 보통 3개월 동안만 그 기업이 망하지 않으면 된다. 기복이 심하지 않고, 경기 흐름에 민감하지 않은 안정감 있는 회사가 좋다는 이야기다.

그런 관점에서 건설업과 연관된 투자는 위험성이 높다고 볼 수 있다.

건설업계의 특성상 아무리 수주를 많이 해도 제대로 수금이 되지 않으면 돈의 흐름이 순간적으로 막혀 버린다. 한 달 뒤에 수십 억이 들어오기로 되어 있는데, 오늘 천만 원이 없어 부도가 나는 상황이 벌어진다는 것이다. 또한 최근까지 이어지고 있는 부동산 침체 여파로 중소형 건설사뿐 아니라 대형건설사까지도 자금난에 대한 우려가 커진 상황이다. 금리가 높다고 건설, 토목 등과 관련된 기업의 CP를 덥썩 물어서는 안 된다. 아예 그쪽 업종을 투자 목록에서 삭제하는 것이 가장 안전한 방법이다.

그렇다면 반대로 돈의 흐름이 가장 원활하게 돌아가는 업종은 어디일까?

당연히 금융관련 업종이다. 돈이라는 것은 경기가 좋든 나쁘든, 어떤 업종 어떤 기업에게도 필요한 것이다 보니 금융업종은 타 업종에 비해 현금 유동성이 상당히 높다. 또한 돈을 매개로 사업을 하는 기업의 경우 마진율이 상당히 높다는 엄청난 장점을 가지고 있다. CP 투자에 있어 최적의 조건을 갖춘 셈이다.

2012년 하반기, 상당히 침체된 금융시장 속에서도 증권사들의 수익성은 개선되었다. 2012년 금리가 지속적으로 하락하면서 증권사들이 보유한 채권의 가격이 올라가 시세차익을 본 것이 주된 이유였다. 침체된 주식시장에서 채권, 특히 CP에 대한 판매가 활발하게 이루어졌기 때문에 가능했다. 그렇다면 불경기와 저금리 기조가 계속 이어질 것으로 전망되는 최근의 상황에서도, 금융업종은 꽤 괜찮은 CP 투자처인 것이다.

리드코프, 러시앤캐쉬 같은 대부업체에서 나온 CP의 경우 서로 물량을 잡으려고 다툴 만큼 인기가 있었다. 그도 그럴 것이 그때 은행예금 금리는 3%대에 머물렀고, 투자할 만한 채권의 경우 4~5%의 수익률을 보였는데, 앞서 얘기한 CP의 경우 6~7% 넘는 수익률을 제공했기 때문이다.

대부업은 자금회전이 상당히 빠르게 이루어지기 때문에 단기간의 투자기간에 현금이 유통되지 않아 부도가 날 가능성은 상당히 낮다. 하지만 기업 이미지 자체가 좋지 않아 대부분의 투자자들이 꺼리는 경향도 있다. 하지만 앞서 살펴본 LIG건설의 사례처럼 기업의 이미지만 보고 투자하는 것은 상당히 어리석은 일이다. 기업 이미지가 곧 신뢰라는 생각은 잘못된 투자 방식이다. 투자란 내 돈을 잃지 않고 보다 많은 수익을 보는 것임을 명심해야 한다.

단기 금융상품 4형제

직접 단기 채권이나 CP를 사는 수고로움을 피하고 싶다면 국공채, RP, CD 등 채권 관련 상품에 투자하는 단기 금융상품에 가입하면 된다. 개인투자자가 단기로 투자할 수 있는 금융상품은 MMF, CMA, RP, 표지어음이 대표적이다. 지금부터 각각의 특성과 장단점에 대해 정확하게 짚고 넘어가도록 하자.

1. MMF(Money Market Fund)

하루만 맡겨도 이자를 준다는 슬로건으로 국내 투자자들에게 단기투자의 개념을 알린 대표적 상품이다. 아래에서 설명할 CMA가 등장하기 전까지 단기투자 하면 MMF를 연상할 정도로 유명했다. MMF는 고객의 자금을 CP, CD, 5년 이하의 국채, 통화안정채 등 단기금융상품에 집중 투자해서 얻은 수익을 고객에게 돌려주는 실적배당형 금융상품이며 기간은 보통 30일 이내로 운용된다. 이름에 들어간 F라는 글자에서 알 수 있듯이 펀드의 성격을 갖고 있다.

2. CMA(Cash Management Account)

몇 년 전 직장인들 사이에 급여이체 통장을 CMA 통장으로 바꾸는 붐이 불었다. 그전까지 돈 많은 자산가들 사이의 투자상품에 국한되었던 CMA는 일시에 단기투자 상품의 왕좌에 등극했다. MMF와 마찬가지로 RP, CD, 국공채 등에 투자해 수익을 돌려주는 실적배당상품인데, 최근 종금사를 중심으로 원금을 보장해주는 상품이 나오면서 더욱 인기를 끌고 있다.

CMA는 그 유형에 따라 4가지로 분류되는데, 종금형 CMA와 RP형 CMA만 알아두면 된다. 특히 유일하게 예금자 보호가 되어 원금 보장이 되는 것이 종금형 CMA라는 사실을 기억해 두자.

CMA의 종류

CMA는 확정금리를 주느냐, 예금자보호가 되느냐란 관점에서 4가지로 분류된다.

1. 종금형 CMA : 확정금리O, 예금자보호O
2. RP형 CMA : 확정금리O, 예금자보호X
3. MMF형 CMA : 확정금리X, 예금자보호X
4. MMW형 CMA : 확정금리X, 예금자보호X

---

3. RP(Repurchase Agreements)

RP는 환매조건부채권이다.

채권을 발행한 주체가 환매를 해주겠다는 조건을 걸었다는 뜻이다.

RP는 보통 금융기관이 발행하므로, RP를 매입하면 금융기관은 투자자의 계좌에 국공채 등을 입고시키고 반대로 자금을 인출하면 국공채를 출고해 나가는 형태로 운용된다.

설명을 들어보니 국공채에 투자한다는 것인데, 그냥 국공채를 사고팔면 되지, 굳이 RP란 걸 만들었는지 궁금하지 않은가?

국공채든 회사채든 채권은 만기 이전에 유동성을 확보하기가 상당히 힘들고, 매매를 하면 채권의 소유가 완전히 바뀌게 된다. RP를 발행하는 금융기관 입장에서 생각해 보자. A은행이 단기적으로 유동성을 확보해야 되는 상황에 처했다. A은행은 현재 상당히 좋은 조건의 국공채를 다량 보유하고 있다. 이럴 경우 국공채의 소유권을 잠시 다른 사람에게 양도하는 방법을 쓰는 것이다. 즉 일정기간 후, 환매하겠다는 조건으로 채권을 발행하는 것이다.

즉 금융기관은 자본이익은 그대로 얻으면서 현금 유동성을 확보할 수 있다. 이렇게 확보된 유동성을 다른 곳에 투자해 이익을 창출할 수도 있다. RP의 만기가 도래하면, 금융기관은 투자자에게 약속한 원금과 이자를 돌려준다. 즉 환매를 하는 것이다. 투자자의 입장에서는 가장 안정적이라 할 수 있는 금융기관의 초우량 국공채에 투자하는 셈이므로 안정성이란 점에서 높은 점수를 줄 수 있다.

4. 표지어음

표지어음 역시 RP와 같은 맥락에서 이해하면 된다.

채권을 발행하기 어려운 기업들은 상대적으로 발행이 쉬운 어음을 선호하게 되는데, 이런 어음들의 대부분은 금융기관이 보유하고 있다. 눈치 빠른 독자들은 이미 알아차렸겠지만, 투자의 기본은 유동성을 증가시켜 수익을 창출하는 것이다.

은행이 금고에 어음을 넣어 놓으면 아무런 이익도 없지만, 이 어음을 회전시키면 수익을 낼 수 있다. 그런데 일반 투자자의 입장에서 기업이 발행한 어음에 투자하는 것은 쉽지가 않다. 어음의 액수도 크고, 채무불이행의 위험이 있기 때문이다.

그래서 은행은 액수가 큰 어음을 여러 장으로 쪼개고, 기업이 아닌

은행의 이름을 걸고 투자하도록 어음의 내용을 바꾼다. 이것이 바로 표지어음의 정체다. 쉽게 말해 어음의 표지가 바뀐 것이라 이해하면 된다.

예를 들어 보자. A기업이 발행한 10억 원짜리 어음을 1천만 원짜리 어음 100개로 쪼개고, 어음의 발행자를 B은행으로 바꾸는 것이다. 이렇게 바뀐 표지어음은 액면가와 이자율이 새로이 책정되며 B은행이 채무이행을 보증하게 된다. 투자자 입장에서는 투자자금 규모도 적당하고 위험부담도 없기 때문에 투자가 쉬워진다는 장점이 있고, 은행의 입장에서는 확보된 유동성을 다른 곳에 투자해 이익을 낼 수 있으므로 누이 좋고 매부 좋은 투자상품이라 할 수 있다.

초단기 자금도 굴리는 게 이익이다

언제 쓸지 모르는 돈이니까 그냥 통장에 넣어두자.

많은 투자자들이 이런 생각을 갖고 있는데, 이런 초단기 자금도 잘 운용하면 짭짤한 수익을 올릴 수 있다는 사례가 있다.

A라는 회사는 새로운 설비 도입이 결정되어 예산을 확보했다. 그런데 아직 회사 내부적인 합의가 이루어지지 않아, 자금이 집행될 때까지 얼마가 걸릴지 모르는 상황이다. 최소 2~3개월은 소요될 예정이다.

그냥 편하게 생각하면 CMA에 넣어두면 될 것이다. 그런데 그러기엔 약간 아쉽다는 생각이 든다면 초우량기업의 CP에 투자하는 것이 좋은 방법이 될 수 있다. CMA의 경우 2012년 하반기 기준 보통 2.8% 안팎의 금리가 형성되어 있는 반면, 국내 최대 그룹 중 하나인 LG그룹 관련 자회사 LG스포츠가 발행한 CP 금리는 3.6% 정도이다. 만기도 2달로 상당히 짧다.

LG스포츠라면 그룹 부회장이 구단주로 있는 회사이기 때문에, 2달 동안 부도가 날 확률은 거의 없다. 그룹의 배경뿐 아니라 수익구조에 대한 부분을 봐도 안정성을 갖추었다. 입장료 수입 등을 비롯해 광고수입, 임대수입 등이 꾸준하게 나오는 수익구조를 가지고 있기 때문이다. 신용등급 또한 A3+이므로, 최적의 안정적 투자환경을 갖추었다고 볼 수 있다.

투자금액이 크다면 1% 금리 차이는 엄청나다. LG스포츠 CP에 투자했던 위의 기업은 단기간에 꽤 높은 수익을 올려 많지는 않지만 직원들에게 성과급을 줄 수 있는 자금을 만들었다고 만족해 했다.

이런 사례는 비단 기업뿐만 아니라 개인투자자의 경우도 마찬가지다. CP는 만기가 짧기 때문에 계획적으로 자금을 운용할 수 있는 최적의 상품이다.

잊지 말자. 초단기 투자는 초우량 CP다.

CP의 또 다른 장점이라면 계획적인 자금 운용에 최적이란 것이다. 비교적 짧은 만기를 통해 현금 흐름에 맞는 투자계획을 세울 수 있고, 그에 맞는 돈의 운용이 가능하기 때문이다.

아무리 세상일은 어찌 될지 모른다 하지만 대부분의 기업이나 개인들도 2~3개월까지의 자금계획은 잡혀 있는 것이 보통이기 때문이다. 비교적 짧은 기간에 맞춰 유동성을 확보하고 수익성과 안정성을 보장받는다는 것은 CP의 최대 강점이라 할 수 있다.

  귀찮다는 이유로, 두세 달 맡겨봐야 이자를 얼마나 주겠냐라는 안일한 생각으로 여윳돈을 통장에 그냥 방치하지는 말아야 할 것이다. 부자가 된 사람들의 공통점은 작은 돈도 크게 생각한다는 것임을 기억해 두자.

5
채권도 적립식으로!

목돈이 없는 사람도 채권에 투자할 수 있다

채권투자란 원래 돈 많은 사람들이 하는 것이란 인식이 강하다. 목돈이 필요하기 때문이다.

그런데 목돈이 없어도 채권투자가 가능할까? 결론적으로 가능하다. 적립식 투자가 가능하기 때문이다.

개인투자자가 매달 일정 금액을 채권에 투자하려면, 금액이 크지 않으므로 장외채권으로 투자하기는 현실적으로 어렵다. 일단 거래소에 상장된 장내채권을 대상으로 해야 한다. 투자자가 원할 때 항상 매수가 가능하기 때문이다.

채권을 적립식으로 투자하는 사람들은 대부분 내가 원하는 시점에서 목돈을 찾는 것을 목표로 한다. 그러면 채권 종목을 선정할 때 매달 만기가 끝나는 시점이 어느 정도 같은 채권 종목을 사야 한다. 만기 시점을 일치시키는 것이다.

그러면 자신이 정한 목표시점이 가까워질수록, 투자가 진행될수록 만기가 짧은 채권에 투자해야 한다는 의미이다. 만기가 짧은 채권일수록 수익률이 떨어지는 것은 당연하다. 이번 달에 채권을 매수하고, 같은 채권을 다음 달에 매수한다면 그 사이 수익률은 어느 정도 떨어지게 된다. 이것이 채권 적립식 투자의 최대 단점이다. 그러나 단점만 있는 것은 아니다.

적립식 채권투자에도 타이밍이 있다

적립식 투자의 첫 번째 장점은 리스크의 분산이다. 시간적인 위험과 종목 자체에서 오는 위험, 두 가지를 모두 줄일 수 있다. 사실 장내채권에 한정해 적립식으로 투자를 한다면 매번 똑같은 채권을 사게 되지 않는다. 그때그때 만기가 일치하는 좋은 채권을 고르다 보면, 다른 업종, 다른 종목의 채권을 사게 된다. 즉 기업의 신용 위험에서 오는 리스크를 줄이게 되는 것이다. 주식투자로 말하자면 종목 분산인 셈이다.

두 번째 장점은 다양한 형태로 이자를 받을 수 있다는 것이다. 만기에 이자가 지급되는 채권, 분기별이나 월별로 이자가 지급되는 채권을 섞어서 투자하게 되면 본인 나름의 이자 주기가 만들어진다. 투자자로서는 유동성 확보 측면에서 상당히 유리하다.

그렇다면 적립식투자의 수익률이 극대화 되는 시기가 있을까?

바로 '신용 스프레드'가 확대되는 시점이다. 앞서도 설명했지만 신용 스프레드란 국채와 회사채의 수익률 차이다. 국채 수익률이 갑자기 하락하는 경우는 거의 없으므로, 신용 스프레드의 확대란 회사채의 수익률 상승을 의미한다. 만기가 가까워질수록 수익률이 떨어진다는 적립식 투자의 최대 단점을 벌충할 수 있는 최고의 기회인 것이다.

적립식 투자를 계획하고 있다면, 신용 스프레드 확대가 예상되는 시점이 최적이다. 또한 지금 하고 있다면, 회사채 수익률이 점점 높아지고 있는 추세에서 투자금액을 올리는 것도 생각해 볼 수 있다.

이렇게 채권의 적립식 투자는 투자자 입장에서 장점이 많지만, 현실적으로 투자가 쉽지 않다. 금융기관이 적극성을 띠고 판매에 나서지 않기 때문이다. 금융기관의 수입은 채권 매매에서 오는 수수료다. 그런데 적립식 투자는 투자금이 적으므로 수수료 또한 적다. 품을 들인 것에 비해 수익성이 떨어진다는 얘기다.

어느 정도 채권 종목을 볼 줄 아는 개인투자자라면 혼자서도 충분히 가능한 것이 적립식 채권투자다. 고객 편에 서서 수익률을 올려주고자 하는 자산관리사나 PB에게 도움을 받을 수도 있다. 책임감 있는 투자 파트너를 확보해두는 것이 그래서 중요하다.

6
채권으로
매월 이자 받기

▎굳이 월지급 이표채가 아니어도 된다

매월 월급처럼 이자를 받으려면 월지급식 채권에 투자하면 될 것이다.

그런데 문제는 월지급 이표채 발행 규모가 미미하다는 것! 수요는 많고 공급은 적다.

그렇다고 월지급 이표채가 나올 때까지 두 손 놓고 기다릴 필요는 없다. 일반 이표채를 이용해 월지급 이표채의 효과를 보는 방법이 있다.

이쯤해서 이표채에 대해 복습을 해보자.

이표채는 이자가 분기별로 한 번씩 지급되는 채권이다. 즉 3달에 한 번 이자가 지급된다. 이표채는 이자 지급 시기에 다라 3가지로 나눌 수 있다. 즉 1, 4, 7, 10월에 이자를 받는 이표채, 2, 5, 8, 11월에 이자를 받는 이표채, 3, 6, 9, 12월에 이자를 받는 이표채가 그것이다.

자, 그렇다면 감이 오지 않는가?

투자자금을 3등분한 다음, 각각의 이자주기에 맞는 이표채에 분산투자하면 된다. 물론 표면이자율이 조금씩 다를 수 있기 때문에 매달 정확하게 일치하는 금액이 들어오진 않지만, 매월 월급식으로 이자를 받을 수 있게 된다.

예를 들어 보자.

총 3억의 노후자금을 가지고 매달 이자를 받고 싶은 투자자가 있다면 1억씩을 위의 3가지 이표채에 분산투자하면 된다는 것이다. 노후자금이기 때문에 위험성을 줄이고 싶다면, 채권 종목 수를 이자주기에 맞춰 하나씩이 아닌 2~3개씩으로 늘리면 된다. 총 종목 수를 3개가 아닌 6개나 9개로 늘리면 더 안정적으로 투자할 수 있다.

이자지급일에 매매하면 이자는 누가 가져가나?

이표채 투자에 있어 많은 투자자들이 착각하는 부분을 짚고 넘어 가자.

어떤 투자자가 매월 이자를 받겠다고 같은 채권을 1월에 사고, 2월에 사고, 3월에 샀다. 그 사람은 매월 이자를 받았을까? 물론 받지 못

했다.

이표채의 이자는 투자자가 매수한 달이 기준이 아니다. 채권발행 당시 이미 이자 지급 주기가 결정되어 있는 것이므로, 투자하는 달을 다르게 했다고 해서 이자 지급 시기가 달라지는 것이 아니다.

예를 들어 2012년 12월 30일 발행된 채권이라면 그 채권을 언제 사든지 3월, 6월, 9월, 12월에 이자가 지급된다. 또한 3월 30일이 이자 지급일인 채권을 3월 29일 샀다라도, 다음날 이자 전액을 다 받을 수 있는 것이다. 간혹 이자 지급일 바로 전에 사는 것이 유리하지 않겠냐는 사람들도 있는데, 매수 시점에 따라 매수 가격이 다르기 때문에 단순한 비교가 어렵다.

그런데 만약 이자 지급일에 채권 매매가 이루어진다면 어떻게 될까?

이런 사태를 걱정할 필요는 없다. 이자지급일에는 매수 자체가 안 되기 때문이다. 이자지급일에 매매가 이루어진다면 이자에 대한 세금 징수 대상자가 명확하지 않으므로 법적으로 금지되어 있는 것이다. 이표채 투자를 염두에 둔 투자자라면 이 점을 꼭 기억해 두어야 한다.

개인투자자 입장에서 3개월 이표채로 매월 이자를 받는 투자를 하는 것이 번거로울 수도 있다. 최근에는 증권사에서 이러한 니즈에 맞게 주기가 다른 채권을 묶어 놓은 패키지 금융상품을 내놓고 있으므로, 이를 이용할 수도 있다.

이표채 매매시 이자는 어떻게 계산하나?

이해가 쉽도록 예를 들어보겠다.
액면가 1억, 1년 만기, 10% 표면금리의 이표채가 있다고 하자.
1년에 4번, 분기마다 균일하게 이자가 지급되는 이표채라면 3개월마다 250만 원(세전)의 이자를 받을 것이다. 만약 3월 30일, 6월 30일, 9월 30일, 12월 30일에 이자가 들어오는 채권이고, 이를 5월 15일에 매매했다고 가정해보자.
채권의 이자는 매일 쌓이는 것으로 간주되므로, 6월 30일에 지급되는 이자는 4월부터 6월까지의 이자이다. 이 채권을 매도한 사람은 3월 30일 이후부터 5월 15일까지의 이자를 받을 권리가 있는 것이다.
단, 내용상으로는 채권의 보유기간에 따른 이자 지급이 맞지만 형식적으로는 채권의 가격에 포함되어 매매된다는 사실을 알아야 한다. 채권가격 상승분, 즉 매매차익의 일부로 계산되는 것이다.

7
후순위채권의 치명적 매력

┃ 후순위채는 양날의 검이다

증권사나 은행의 상품 금리를 검색하다 보면 눈에 띄게 높은 금리를 주는 상품이 있다.

반가운 마음에 다시 들여다보면, 후순위채라고 한다.

도대체 후순위채는 뭘까?

발행기관이 파산했을 경우 채권자들에게 돈이 지급되는데, 지급 순서가 뒤로 밀린다는 얘기다. 선순위채, 물품대금, 은행차입금 등을 다 갚고 나서야 변제해 준다는 것이다. 원금 손실 가능성이 크므로 선순위채권 보다 이자가 높을 수밖에 없다. 단 주주보다는 변제 순위가 높다.

기업의 입장에서 살펴보면 선순위채와 후순위채는 하늘과 땅 차이다.

선순위채는 부채로 잡히지만, 후순위채는 자기자본으로 인정받는 것이다. 후순위채 중에서도 만기가 5년 이상 되는 채권은 100% 순자기자본으로 인정된다. 5년 미만 채권은 매년 20%씩을 순자기자본에서 제외시킨다. 때문에 후순위채권은 보통 7년 내지 10년 만기로 발행하고, 발행 시엔 5년 후 상환할 수 있다는 콜옵션을 붙이는 경우가 많다.

후순위채의 장점은 고금리라는 점이다.

6~8%, 혹은 그 이상의 금리를 지급하는 후순위채가 많으므로 저금리 시대엔 그 매력이 치명적이라 할 수 있다. 후순위채는 대부분 이표채 형태로 발행되므로, 금융자산이 많고 이자소득으로 살아가는 사람들이 선호한다. 10년 만기 채권의 경우에 한해 분리과세가 가능하므로 세금혜택까지 받을 수 있어 거액의 자산가들에게 절세 목적으로 이용되기도 한다.

최근 저축은행 파산사태가 심각한 사회문제로 대두되면서 후순위채에 대한 시선이 곱지 않다. 투자자에게 위험성을 제대로 설명해 주지 않는 불완전 판매가 문제였다. 투자상품에 대한 지식이 부족한 중장년 층을 대상으로, 은행 이자의 2배를 보장한다느니 여러 가지 서비스를 받을 수 있다느니 하는 감언이설로 투자를 유도한 것이다. 발행기관의 자산 건전성은 거론조차 하지 않았다.

결과는 참혹했다. 평생 어렵게 모은 돈은 하루아침에 날아갔고, 저축은행 사태는 사회문제로까지 비화되었다.

후순위채 투자하려면 3+1가지를 지켜라

후순위채는 투자에 있어 각별한 주의가 필요하다.

첫째, 장기적으로 돈을 묶어둘 수 있는 자금에 한해서 투자해야 한다. 후순위채도 중도에 현금화 할 수 있지만 현실적으로 유통물량이 많지 않으므로 어렵다.

둘째, 많은 자금을 투입하는 것보다 분산투자를 통해 위험을 줄여야 한다. 금리가 높다고 이른바 몰빵투자를 하는 경우 재기할 수 없을 정도의 심각한 재정 손실을 입을 수 있기 때문이다.

셋째, 매월 이자가 들어올 수 있도록 안정적 투자를 해야 한다. 후순위채는 대부분 이표채로 발행되는 만큼 안정적 이자 지급이 기본이다.

고금리에 대한 매력만큼이나 위험성도 높으므로 투자금 전부를 투자하는 것은 자제해야 한다. 특히 은퇴자금 전부를 투자해 가정이 파탄나는 경우도 있으므로 주의해야 한다.

후순위채에 대한 문제가 계속 불거지면서, 후순위채를 자본이 아닌 부채로 인정해야 한다는 목소리가 높아지고 있다. 금융당국도 후순위채 발행에 엄격한 기준을 적용하겠다고 나섰다. 그렇게 된다면 후순위채 발행 규모는 줄어들겠지만, 투명성과 안정성은 더 좋아질 것이다.

마지막으로 후순위채에 투자하는 팁을 하나 더 알려 주겠다.

후순위채를 발행한 금융기관(자회사)의 신용등급보다 모기업의 신용등급을 확인하라는 것이다. 고금리는 그대로 유지하면서, 원금 훼

손 우려도 상당히 줄일 수 있을 것이다.

2012년 발행되었던 NH농협증권과 HMC투자증권 후순위채는 투자자들 사이에서 엄청난 인기를 모았다. 개별 증권회사에 대한 매력이 아니라 모기업의 안정성에 매력을 느낀 것이다. 자식이 망하는 것을 그냥 볼 어머니는 없다. 모기업 신뢰도가 높을수록 자회사 후순위채에 대한 매력도 높아지는 것이다.

믿을만한 후순위채도 있다

후순위채 투자에 파란 불이 켜졌다.

정부가 금융기관의 재무건전성 확보 조치를 강하게 밀어붙이고 있기 때문이다. 이 둘이 무슨 상관이 있나 궁금할 것이다. 최근 업황이 안 좋아진 우량 증권사들이 재무건전성을 확보하기 위해, 다시 말해 순자본비율을 높이기 위해 후순위채 발행에 열을 올리고 있기 때문이다.

최근 메리츠종금증권이 1,200억 규모의 후순위채 발행을 했고, SK증권이나 미래에셋증권 역시 4% 이상의 금리로 후순위채를 발행했다.

증권사들은 ELS, DLS 발행으로 인해 재무건전성 지표가 좋지 않은 모습을 보이게 되고, 콜 차입 규모에 있어서도 자기자본의 25% 이하로 규제하는 조치가 나오자 이러한 상황에 대비하기 위해 후순위채를 발행하고 있는 것이다. 회사가 부도 위기에 몰려 후순위채를 발행하는 상황과는 사뭇 다르다.

증권업의 수익성이 좋지 않은 것은 사실이지만 대형 금융그룹 계열의 증권사들이 부도날 위험은 크지 않다. 또한 증권업 진출을 노리는 기업들이 상당히 많아서 매물에 대한 소화 능력도 걱정할 것이 없다. 파산 리스크가 상당히 낮춰지는 것이다.

국민은행이 2,000억 규모의 후순위채를 발행하면서 제1금융권에서 나오는 후순위채 역시나 시장의 관심이 뜨겁다. 앞으로 국제은행 자본규제 기준이 더욱 강화될 가능성이 있어 이러한 후순위채 발행은 이어질 전망이다.

물론 최근 국제신용평가기관의 국내 시중은행 신용등급 하향 검토 움직임이 부담 요인이 되기는 하지만, 크게 걱정할 필요는 없다는 것이 대세다. 전세계적인 부실은행과 관련된 처리 과정에서 발생하는 일이므로 근본적인 신용도와는 상관없다는 것이다. 오히려 이러한 움직임에 따라 재무건전성이 강화되어 후순위채가 보완 자본으로 인정받을 수 있다는 긍정적 신호로 받아들여지고 있다. 만약 후순위채가 보완 자본으로 인정받게 된다면, 제1금융권이 굳이 채권을 발행하지 않고 후순위채를 발행하는 일은 더욱 확대될 전망이다.

8
채권 반, 주식 반 양다리 투자법

채권에서 주식으로 변신, 전환사채(CW)

재테크에 관심이 있다면 '전환사채(Convertible Bond)'란 용어를 한 번은 들어보았을 것이다.

전환사채란 이름에서 전환이 가능한 채권이란 의미를 유추할 수 있다. 즉 주식으로 전환할 수 있는 특별한 채권인 것이다.

전환사채는 회사채의 일종인데, 채권 발행 후 일정 기간이 지나면 정해진 가격과 비율에 따라 발행한 회사의 주식으로 전환할 수 있는 권리가 부여되어 있다. 전환사채를 보유한 사람이 그 권리를 행사하면 채권은 소멸되고, 주식을 보유하게 되는 것이다. 전환권리를 행사하기 이전에는 정해진 날짜에 이자를 받지만, 주식을 소유하게 되면 이자가 아닌 배당금을 받게 된다.

전환사채 투자자는 주가 상승기에는 전환 권리를 행사하고, 주가 하락기에는 만기까지 보유해 채권수익률을 보장받을 수 있다. 채권 투자자 입장에서는 이보다 더 좋은 투자가 있을 수 없지만, 좀 더 깊이 들어가면 꼭 그런 것도 아니다.

기업들은 왜 채권을 발행하지 않고 이런 전환사채를 발행할까? 주식으로 전환할 권리를 주는 대신, 다른 일반 회사채보다 낮은 이자를 주겠다는 의도다. 전환사채는 일반 회사채보다 금리가 낮다. 정리해보자면, 전환사채를 전환하지 않고 만기까지 가지고 있다면 다른 회사채에 투자하는 것보다 불리하다는 얘기다. 그래서 만기 보유 투자자에게 일종의 보상이 주어진다. 원금과 이자뿐 아니라 만기보장수익률로 계산된 추가 이자를 받을 수 있는 것이다.

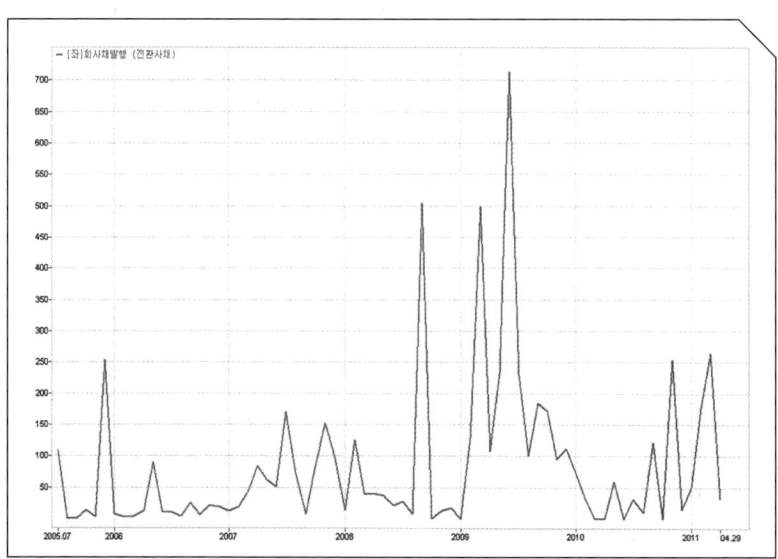

■ 전환사채 발행량 추이

주식 몇 주를 받을 수 있을까?

전환사채를 주식으로 교환하는 과정에서 '전환가격'이 가장 중요한 기준이다. 전환가격이란 주식 1주를 전환사채 액면 얼마와 교환할 수 있느냐는 것이다. 예를 들어 전환가격이 5,000원이라면 전환사채 액면가 1만 원당 2주를 주겠다는 것이다. 전환가격이 20,000원이면 전환사채 액면 1만 원당 0.5주로 전환해 주겠다는 것이다. 전환가격이 낮을수록 받을 수 있는 주식 수는 많다.
전환가격은 발행 시에 미리 정해지는 것이고, 투자의 매력도를 좌지우지할 수 있는 중요한 요소인 만큼 전환가격에 대한 철저한 분석이 필요하다.

채권을 사면 주식이 따라온다, 신주인수권부사채(BW)

채권을 가지고 있는 것만으로 신주를 인수할 수 있다!

투자자 입장에서는 꽤 솔깃한 제안이다. 신주인수권부사채(Bond with Warrant)란 채권 발행 후 일정기간 이내에 발행 회사의 신주를 인수할 수 있는 권리가 부여된 채권이다.

즉 사채와 신주인수권이 하나로 결합된 유가증권이다. 주식을 받기 싫으면 받지 않고, 받고 싶으면 약정된 대금을 내고 받으면 된다. 한마디로 콜옵션을 행사할 수 있다는 얘기다.

앞서 설명한 전환사채와 비슷하다고 생각하는 사람들을 위해 차이점을 짚어 보자.

전환사채와 신주인수권부사채는 발행한 회사의 주식을 취득할 수 있는 권리를 가졌다는 점에서 같다. 하지만 차이는 권리를 행사하고 나서다. 전환사채는 권리를 행사하면 채권 자체가 소멸되지만, 신주인수권부사채는 권리 행사 후에도 채권이 살아있다.

신주인수권부사채에서 꼭 알아두어야 할 것이 신주인수권의 분리 여부다.

분리형은 채권과 별도로 '신주인수권'이 증권으로 표시되어 독자적으로 유통되며 양도할 수 있다. 신주인수권 증권만을 별도로 상장하고 거래할 수 있다는 것이다. 반면 비분리형은 채권과 신주인수권이 항상 한 세트로 묶여서 같이 거래되어야 한다.

주식 관련 채권 최신 투자전략

최근 주식 관련 사채 발행 건수가 상당히 많이 늘었다. 코스닥 시장에서 가장 큰 시가총액으로 대장주 역할을 했던 셀트리온이 3,264억 원의 전환사채를 발행했고, 한진해운이 3,000억 원의 신주인수권부사채를 발행했다.

2013년 5월 27일 한국거래소 자료에 따르면 2013년 5월까지 유가증권시장 및 코스닥의 전환사채 권면 총액 합계가 전년 동기 대비 502.71% 증가했다고 한다. 신주인수권부사채의 발생건수와 금액도 늘어났다. 유가증권시장 및 코스닥시장의 권면 총액 합계는 전년 동기 대비 21.12% 증가했다.

그렇다면 왜 이런 추세가 이어지고 있는 걸까?

회사채 발행에 부담을 느끼는 기업들이 금리에 대한 부담을 줄이고자 이러한 방법을 택하고 있는 것이다. 기존 사채보다는 좀 더 낮은 금리로 자금을 조달할 수 있기 때문이다. 투자자 입장에서는 주식 전환시 보다 높은 매매차익을 노릴 수 있기 때문에 누이 좋고 매부 좋은 투자방법이라 할 수 있다.

최근 LED 업체인 루멘스의 전환사채 수익률이 1년 4개월 만에 100% 가까이 달성됐다는 소식이 핫이슈로 떠오르면서, 전환사채 발행 기업들의 주가 역시 상승세를 타기도 했다. 이러한 시장 분위기 속에 주식 관련 채권에 투자하는 펀드 상품(메자닌펀드)까지 덩달아 인기몰이를 하고 있다.

그러나 전환사채나 신주인수권부사채 모두 주식시장과 밀접한 연관성을 갖고 있음을 잊어서는 안 된다. 시장이 전체적인 상승세를 보일 때는 웬만한 기업의 주가라면 동반 상승을 하게 되겠지만, 주식시장이 정체기나 침체기일 경우에는 투자의 매력도가 상당히 낮아진다.

해당 기업의 성장성과 앞으로의 이익 개선 여부, 펀드멘탈을 꼼꼼하게 따져본 후 투자에 임해야 한다. 주식 관련 사채는 중위험 중수익이라는 트렌드에 맞는 상품이기는 하지만, 자칫 이도 저도 아닌 투자가 될 수 있다. 그만큼 투자 시 많은 주의를 필요로 하는 대안이다.

9
채권, 간접투자로 수익 내기

직접투자는 뭐고, 간접투자는 뭘까?

채권에 직접투자 한다고 해서 모든 것을 혼자 분석하고 판단한다는 의미는 아니다.

즉 직접투자가 홀로투자는 아니라는 것이다. 직접투자자 역시 채권 딜러들이나 전문가의 조언을 듣고, 금융기관에서 발행하는 정보지 등 다양한 루트를 통해 자료를 분석한 후 투자한다. 다만 주문을 내는 주체가 투자자 본인이라는 것이다.

이와 달리 간접투자는 채권투자를 전문적으로 하는 운용자에게 자신의 돈을 맡기고, 모든 권한을 이양하는 것이다. 채권 간접투자의 대표적 형태가 채권형 펀드나 채권형 랩어카운트다. 2012년 채권형 펀드가 거둔 안정적인 수익률이 부각되면서 관심이 높아지고 있으며, 해외 채권형 랩어카운트 상품도 각광을 받고 있다.

그러나 일괄적으로 직접투자가 좋다, 간접투자가 좋다고 결론 내리기는 어렵다. 투자목적과 투자성향, 그리고 투자에 투여할 수 있는 시간과 노력 여하에 따라 정답은 달라지기 때문이다. 채권에 대한 분석을 할 시간이 부족하거나 매매 타이밍을 잡는 데 어려움이 있는 직장인의 경우 간접투자가 좋을 수 있다. 또한 채권에 대해 잘 모르는 주부나 노년층이라면 간접투자를 권해줄 만하다.

채권형 펀드도 확정이자를 주나?

채권에 직접투자하면 분기에 한 번씩 이자를 받는다. 그렇다면 채권형 펀드에 가입해도 이렇게 정해진 이자를 받을 수 있을까? 정답은 '아니다'이다.

채권형 펀드는 운영성과에 따라 수익을 배분하는 성과배당형 투자상품이므로 이자율이란 개념이 없다. 이것이 직접투자와 결정적으로 차이가 나는 점이다.

그러면 월지급식 채권형 펀드는 뭐냐고 반문하는 사람도 있을 것이다.

요즘 인기를 끌고 있는 월지급식 펀드를 통해 채권형 펀드에 대한 설명을 해보도록 하자. 월지급식 펀드의 경우 대부분이 투자 원금에서 분배금을 먼저 지급한 뒤, 나머지를 투자해 원금을 회복하는 형태로 운용된다.

당연히 원금이 보장되지 않는다. 수익 증가분보다 분배금이 많을 경우, 원금이 손실될 수 있다. 가령 매월 0.5%의 지급률을 설정한 펀드가 있다면, 이 펀드가 원금을 보존하기 위해서는 연 6%의 수익을 내야 한다. 채권투자를 통해 6% 이하의 수익률을 낸다면 원금이 줄어드는 결과를 낳는다.

펀드에 편입된 채권 자체는 안전하다 할지라도 채권 가격은 변동성이 크기 때문이다. 아무리 좋은 채권이라도 비싸게 사서 싸게 판다면 주식과 마찬가지로 손해를 볼 수 있는 것이다. 특히 투자기간 동안 금리나 경기가 급격하게 변화한다면 채권형 펀드의 수익률도 출렁일 수 있다. 그러니 채권형 펀드라 할지라도 넣어두기만 하면 무조건 수익이 난다고 생각해서는 안 된다. 경제상황을 주시하고, 주로 어떤 채권에 투자되는지 꼼꼼하게 체크해야 한다. 또한 운용전략에 따라 수익률을 달라질 수 있으므로 펀드 운용자의 능력도 눈여겨봐야 할 것이다.

그러나 원금 손실에 대한 지나친 걱정은 할 필요가 없다. 채권 자체가 장기투자를 전제로 한 것인 만큼 투자기간이 길어질수록 정기적으로 발생하는 이자가 손실을 만회해 줄 수 있기 때문이다. 장기적으로 보면 채권형 펀드에서 손해가 발생할 가능성은 다른 투자처에 비해 낮다. 그래서 채권형 펀드를 비교적 안전한 금융상품으로 분류하는 것이다.

그래도 불안하다면 최근 나온 원금 수령형 펀드에 가입하면 된다. 앞서 설명했듯 대부분의 채권형 펀드는 손실이 나더라도 계속적으로 일정액을 지급해야 하는 구조이기 때문에, 손실이 길어질 경우 원금이 훼손된다는 단점이 있다. 하지만 원금 수령형 펀드는 수익이 난 금액에 대해서만 지급을 하므로 안정성을 확보할 수 있다.

요즘 유행하는 해외채권형 펀드 따라잡기

해외 이머징 마켓을 대상으로 한 해외채권 투자가 인기를 끌고 있다.

저금리 시대 '시중금리＋알파'를 실현할 수 있는 해외채권은 매력적인 투자처다. 그런데 해외채권은 종류도 다양한데다, 세금과 환율 등 다양한 문제를 고려해야 하기 때문에 간접투자에 대한 선호도가 높다. 해외채권형 펀드의 인기는 여기서 시작된다.

2000년 이전만 하더라도 해외채권 투자는 국내 투자자들의 고려 대상이 아니었다. 국내 금리가 높았기 때문에 해외채권 투자 필요성을 느끼지 못했던 것이다. 그러나 이제 상황이 바뀌었다. 저금리 기조가 정착되면서 중(中)위험, 중(中)수익 상품인 해외채권형 펀드가 크게 인기를 모으고 있다. 과거 해외주식형 펀드로 상처를 입었던 투자자들까지 다시 관심 대열에 합세했다. 2013년 들어 이 유형의 펀드로 들어온 돈이 2조 원이 넘는다는 게 펀드평가사들의 분석이다.

그렇다면 해외채권형 펀드에 투자하는 팁에 대해 알고 넘어가자.

해외채권형 펀드는 대부분 국공채 등에 투자하기 때문에 안정성이 뛰어나다. 아무리 위험성이 있는 국가라 할지라도 국가부도 사태까지 갈 확률은 일반 기업에 비해 상대적으로 낮기 때문이다. 또한 경제성장세가 가파른 해외 이머징 마켓의 경우 신용등급 자체가 낮기 때문에 이자율이 꽤 높게 형성되어 있다. 투자자 입장에서는 상당히 매력적인 투자처인 셈이다.

그러나 해외채권형 펀드에도 종류가 있고 급이 있다는 것을 명심해야 한다.

우선 미국 등을 비롯한 선진국 채권에 투자하는 펀드가 있다. 물론 안정성은 뛰어나지만 수익률은 떨어진다. 이머징 마켓이나 투기등급에 투자하는 하이일드 채권형 펀드도 있다. 고수익 고위험 투자방법이다. 마지막으로 여러 종류의 해외 채권에 분산투자하는 글로벌 채권형 펀드가 있는데, 마지막 유형이 채권형 펀드 시장의 대세를 이루고 있다.

채권형 펀드에 투자하는 목적이 은행예금 이상의 수익률이므로, 선진국 채권에 투자하는 것은 큰 의미가 없다. 약간의 위험을 감수하는 투자가 이루어져야 한다.

따라서 해외채권형 펀드도 자신의 투자성향에 맞춰 투자해야 한다. 이머징마켓 채권이나 하이일드 채권의 장기 수익률은 상당히 높다. 하지만 변동성도 크기 때문에 최소한 3년 이상의 장기투자를 고려한 경우에 적당하다. 그런데 왜 3년일까? 해외채권형 펀드를 단기투자 대상으로 삼는다면 채권 가격의 변동성이 높아 기대수익을 실현하기 어렵기 때문이다. 장기투자를 하면 비록 손실이 나더라도 이자로 수익을 회복할 수 있다.

만약 조금 더 안정적인 투자를 하고 싶다면, 분산투자를 통해 위험을 줄일 수 있는 글로벌채권형 펀드에 투자하면 된다. 하지만 어떤 유형의 펀드에 투자를 하든 글로벌 경제상황을 고려해 투자해야 한다는 점은 명심해야 한다.

> **채권형펀드랩은 무엇일까?**
>
> 채권형 펀드도 불안하다는 투자자를 위한 안전지향 투자상품이다. '랩'이란 여러 가지를 묶었다는 의미로, 다양한 채권형 펀드를 묶어 투자하는 것이다. 채권형 펀드 자체가 분산투자를 위해 만들어진 것인데, 랩 상품은 여기에 다시 한 번 분산투자 효과를 더한 것이다. 리스크를 최대한 줄일 수 있다는 장점이 있다. 해외채권형 펀드에 투자하는 해외채권형 펀드랩도 요즘 관심의 대상으로 떠오르고 있다.

채권에도 ETF가 있다

주식에 관심있는 사람이라면 ETF(Exchange Traded Fund)에 대해 잘 알거나, 최소한 들어보았을 것이다. 실물 주식이 아닌 주가지수를 대상으로 하는 투자상품이다.

그런데 채권에도 ETF가 있다.

주식에 주가지수가 있듯 채권에도 채권지수가 있으므로 같은 맥락에서 이해하면 된다. 국고채 ETF가 상장되면서 거래가 가능해졌고, 소액투자와 실시간 매매가 가능하다는 점으로 인해 개인투자자들의 관심이 높아지고 있는 추세다. 채권 ETF 역시 개별 채권이 아닌 특정지수를 대상으로 하는 것이므로 분산투자의 효과가 있다. 즉 시장에 대한 위험은 존재하지만, 개별 종목에 대한 위험은 발생하지 않는 다는 것이다. 또한 투명성이 어느 정도 확보되었고 상장을 통해서 거래가 활발하게 이루어지니 환금성도 뛰어나다.

개인투자자 입장에서 국고채 투자는 현실적으로 투자규모 때문에 제한될 수밖에 없었는데, 국고채 ETF의 등장으로 간접투자가 가능해진 셈이다. 작게는 5만 원, 10만 원만 있어도 투자할 수 있게 된 것이다.

국고채 ETF에 투자하면 채권 만기에 따라 종목을 교체해 주기 때문에 만기에 따른 롤오버(Roll Over : 당사자 간의 합의에 의해 만기를 연장하는 것)에 신경쓸 필요도 없고, 포트폴리오를 조정하는 수고를 덜 수 있다는 장점도 있다.

■ 채권ETF의 장점과 단점

장점
- 소액으로도 투자할 수 있다.
- 개별 종목 분석이 필요 없다.
- 분산투자 효과를 볼 수 있다.
- 공시를 통해 투명성이 확보되었다.

단점
- 원금 손실 가능성이 있다.
- 유동성에 따라 시세 변동 가능성이 있다.
- 추적오차가 발생할 수 있다.

*추적오차 : ETF가 추적하는 대상지수와 ETF 구성 바스켓간의 수익률 차이. 보유자산 활용에 따른 대차 수익 및 운용보수의 발생으로 오차가 발생함.

10
KOFIS BIS 완전정복

채권 정보의 보물창고

채권에 대한 정보를 좀 더 쉽게 얻으려면 http://www.kofiabond.or.kr/를 기억해야 한다.

금융투자협회에서 제공하는 사이트이므로 신뢰성과 정확성이 가장 높은 채권 정보 사이트라고 보면 된다.

채권금리부터 발행 예정인 국공채, 유통시장에 대한 정보, 신용평가 자료뿐 아니라 채권시장의 흐름을 알 수 있는 시장지표나 지수, 단기투자 상품에 대한 정보도 알 수 있다.

각 증권사의 홈페이지를 비롯한 HTS상에서도 정보를 볼 수 있지만 증권사에서 취급하는 상품 위주로 되어 있기 때문에 채권시장에 대한 전반적인 흐름과 정보를 얻고 싶다면 위 사이트를 자주 이용하는 것이 좋다.

• http://www.kofiabond.or.kr/ KOFIA BIS의 첫 메인 화면

이 사이트에 들어가면 각종 국고채를 비롯해 통안증권, 금융채, 회사채 등의 잔존기간에 따른 수익률을 알 수 있다. 또한 발행시장에 대한 발행/만기정보종합, 종목별 발행/만기정보, 발행통계, 만기통계, 회사채 발행계획, 주관사 인수실적에 대한 정보를 얻을 수 있어 유용하다.

- http://www.kofiabond.or.kr/ 채권금리

- http://www.kofiabond.or.kr/ 발행시장

더 자세한 정보를 알고 싶은 투자자를 위해 채권전문딜러, 채권거래현황, 잔존기간별 거래현황, 투자자별 거래현황, 매매유형별 통계정보, 채권유형별 회전율 등도 실려 있다. 평가방법론, 등급, 비교공시, 등급 속보, 신용평가실적서, 신용평가회사 평가결과 등도 알 수 있다. 더 나아가 채권시장지표, 채권지수까지 검색 가능하므로 ETF 투자자도 관심을 가질 만하다.

・http://www.kofiabond.or.kr/ 유통시장

• http://www.kofiabond.or.kr/ 신용평가정보

• http://www.kofiabond.or.kr/ 시장지표, 지수

4장

전문가도 모르는 채권투자 핵심노하우

채권투자·하기·전에·꼭·알아야·할·것들

1
더 좋은 채권, 더 싸게 사는 비법

인수사와 함께 물량을 받아오자

채권을 남들보다 싸게 사려면 2가지 용어를 이해해야 한다.

즉 채권을 발행하는 회사로부터 업무를 위탁받은 '발행주관사', 그리고 채권을 인수하고자 하는 '인수사'이다. 인수사란 대부분 증권회사를 말하고, 이들이 인수단을 구성해 채권 물량을 받아온다. 즉 일반투자자는 인수사로부터 채권을 사게 되는 것이다. 인수사들은 물량을 잡고 있다는 표현을 쓰는데, 채권을 얼마만큼 팔 수 있냐는 한도를 의미한다.

그러면 발행주관사와 인수사의 수익 구조를 알아보자.

발행주관사는 채권 발행 회사로부터 수수료를 받고 액면가대로 증권사에 물량을 넘겨준다. 그런데 인수사는 액면 그대로 일반투자자에게 채권을 판매할까? 남는 것이 없으니 그럴 리는 없다. 만약 10,000원에 채권을 받았다면 10,100원이나 10,200원처럼 프리미엄을 붙여서 판매한다. 이즈음에서 눈치 빠른 투자자라면 인수사를 거치지 않고 직접 발행주관사로부터 구입할 방법은 없는지 궁금해할 것이다.

발행주관사는 법적으로 개인에게 채권 판매를 할 수 없다. 하지만 아예 방법이 없는 것도 아니다. 내가 거래하고 있는 증권사가 채권을 인수할 때, 개인 자금을 포함해서 물량을 받아오게 하면 되는 것이다. 물론 중개수수료를 수입원으로 하는 증권사가 쉽사리 그렇게 해주지는 않을 것이다. 하지만 자산규모가 크다면 한번 요청해 볼 수 있는 시나리오다.

채권 청약에도 요령이 있다

매매가 아닌 청약을 통해 채권을 구입할 때 알아두어야 할 요령이 있다.

채권 물량은 정해져 있으니, 좋은 채권에 투자자가 몰려 경쟁률이 올라가는 것은 당연한 일이다.

채권 청약시 '경쟁률이 몇 대 몇'이라는 얘기를 많이 들었을 것이다. 경쟁률이 1이 안 된다면 내가 청약금으로 넣어놓은 돈의 전부로 채권 매수가 가능하지만, 1이 넘어간다면 내가 원하는 만큼 사지 못

하는 경우가 생긴다. 경쟁률이 2:1이라면 청약 자금의 절반만 채권을 매수할 수 있다.

만약 정말 좋은 채권이 나와서 경쟁률이 높다면 어떻게 해야 할까? 내가 가진 자금만으로 청약 증거금을 충당하는 게 최선일까? 정말로 놓치기 아까운 채권이라면 단기 현금성 자산을 동원해 청약금을 불리는 것도 방법이다. 채권은 대학입시 원서를 넣을 때처럼 마감일이 존재한다. 마감기한에 지원서가 몰리는 것처럼 청약 경쟁률도 마감일에 확 올라간다. 눈치작전은 기본이다. 이때 마감일까지 경쟁률 추이를 주도면밀하게 살펴보는 것이 중요하다. 기관 및 다른 투자자들이 해당 채권에 대해 얼마나 관심이 있는지 사전조사를 하는 것도 필요하다. 이 추이에 맞춰 막판에 증거금을 추가로 투입하면 된다. 채권 청약시에 마감일이 가까워질수록 증거금이 늘어나는데, 그 그래프의 곡선을 시뮬레이션 하라는 것이다.

만약 예상대로 경쟁률이 높지 않으면 생각보다 많은 금액이 청약되어, 자금 포트폴리오 운용에 차질이 생길 수도 있으니 신중해야 한다. 청약이 끝나고 매수가 되지 않은 자금은 정해신 날짜에 다시 통장으로 입금이 된다.

말만 잘 하면 이자를 더 준다?

사실 초보 투자자의 경우 앞에서 얘기한 팁은 현실적으로 어려울 수도 있다.

하지만 지금 하는 얘기는 현실적으로도 가능하고, 많이들 쓰고 있는 전략이다.

백화점에 가면 당연히 가격표에 붙어있는 정찰가격으로 사야 한다고 생각하지만, 백화점에서 물건 값을 깎는 사람이 있는 법이다. 은행에 가면 고시된 금리를 받는다고 생각하지만, 벽에 붙어 있는 금리보다 더 받아가는 고객도 물론 있다.

왜 이런 일들이 벌어질까?

직원들의 판매수수료가 그 비밀의 열쇠다.

금융상품을 매수하면 수수료가 발생하게 된다. 대부분의 채권거래는 장외거래로 이루어지므로, 투자자 입장에서는 원금에서 수수료가 나가는 것이 아니라 발행회사에서 금융사에게 판매수수료를 지급하고, 그 수수료의 일부가 직원에게 전달되는 것이다.

따라서 직원이 자신에게 지급되는 수수료의 일부분을 고객에게 돌려줌으로써 금리를 높여줄 수 있게 된다. 마찬가지로 지점으로 잡히는 수익이나 지점장 몫의 수익을 고객에게 리턴해 주는 식으로 고객에게 돌아가는 혜택을 높여주는 것이다.

그런 혜택은 고액의 자산가들이나 받는 것이라 생각하고 말도 꺼내지 못 하는 투자자들이 많다. 그러나 한번쯤 얘기를 꺼내는 것이 그렇게 실례되는 일은 아니다. 무리하게 금리를 인상해달라는 요구만 아니면, 직원 입장에서도 수익이 전혀 나지 않는 것이 아니므로 협상의 여지가 있다. 이런 요구에 불쾌해 하는 직원이라면 신뢰성이나 인간성에 문제가 있는 사람임이 확실하다.

당당한 투자자의 권리이므로 부끄러워할 필요도 없다. 좀 더 받을 수 있는 돈을 더 받지 못하는 것은 착한 것이 아니라 바보 같은 행동이다. 단, 너무 지나치게 높은 추가금리를 요구하면 담당 직원이 향후 관리서비스에 소홀할 수 있다는 사실을 잊지 말자. 수수료를 거의 못 받는 고객에게 신경써줄 사람은 없다. 고객은 높은 금리를 받아서 좋고, 직원은 자신의 실적을 높일 수 있고 주변 사람들에게 입소문을 내주므로 좋은 접점이 있기 마련이다. 고객서비스 부분을 희생하면서까지 추가금리를 고집해서는 안 된다는 말이다.

다른 증권사의 채권도 넘봐라

투자자들마다 단골 증권사와 친한 전문가를 갖고 있다. 그러다 보니 좋은 점도 있지만 다른 금융사나 다른 전문가들의 투자방식에 대해 배울 기회가 없고, 좋은 정보를 놓치는 단점도 있다. 증권회사야 당연히 자기 회사에서 취급하는 채권만 팔려고 할 것이다. 회사 실적도 올려야 하고, 수수료 수입도 얻어야 하니 당연하다.

개인투자자는 우물 안 개구리가 되기 쉽다.

이럴 때 금융투자협회에서 제공하는 채권 관련 사이트(http://www.kofiabond.or.kr/)에서 다양한 정보를 얻을 수 있다. 만약 관심이 가는 채권이 있다면 거래가 없던 증권사일지라도 상품 담당자에게 문의해 분석을 해봐야 한다. 분명히 더 좋은 조건의 채권이 존재하는데, 내가 거래하는 금융사의 채권이 아니라고 포기한다면 자신의 자산에 있어 기회비용이 어느 정도 손실되는 것이다.

담당 직원을 바꾸는 것이 불안하다면, 양해를 구하고 그 채권을 구해줄 수 있는지 문의해 보자. 채권의 대부분은 장외시장에서 일대일로 거래되기 때문에 자신의 회사에서 판매하지 않는 채권이나 CP라 하더라도 조금만 노력을 기울이면 물량을 확보하는 것이 어렵지 않기 때문이다.

채권에도 급매물이 있다

앞서서 채권의 거래는 장외시장과 장내시장에서 이루어진다고 했다.

그런데 투자자들은 장외에서 거래되는 채권은 장외에서만 거래되고, 장내에서 거래되는 채권은 장내에서만 거래되는 줄로 알고 있다. 그러나 같은 채권이 양쪽에서 모두 거래되는 경우가 있고, 여기에서 수익을 올릴 수 있는 팁을 발견할 수 있다.

일단 장내시장에 대해 좀 더 알아보자.

장내시장은 장내일반시장과 장내소매시장으로 구분된다. 우리가 알고 있는 장내시장이 장내일반시장이라고 보면 된다. 거래 단위는 10만 원, 최소 금액도 10만 원이다. 장내소매시장은 개인투자자들의 채권거래 활성화를 위해 만들어졌다. 따라서 거래 단위는 1천 원까지 가능하며 최소 금액은 1만 원이다.

더 큰 차이는 장내일반시장에서는 법정관리 신청에 들어간 채권까지 모든 채권이 거래되지만, 장내소매시장은 투자적격등급(bbb 이상)의 채권만 거래된다. 투자자를 보호하기 위한 최소한의 안전장치를 갖추고 있는 셈이다. 장내소매시장은 그야말로 소액의 개인투자자 시장이다. 기관투자자는 거래를 하지 않기 때문에 큰 자금을 굴리기에는 어느 정도 한계가 존재한다.

분명한 것은 장내시장에서도 우량 채권을 살 수 있다는 점이다. 현재 장외에 마땅한 물량이 없다면, 장내시장을 둘러보자. 부동산에 급매물이 있는 것과 마찬가지로, 채권을 급하게 현금화 해야 하는 사람은 시세보다 싼 가격에 채권을 내놓게 된다.

장내시장에서 흙 속의 진주와 같은 채권을 찾을 수 있다는 점을 명심하고, 정기적으로 장내시장을 둘러보는 것도 좋은 전략이 될 수 있다.

2

세금 덜 내고,
수익률 더 올리기

절세 환경이 달라지고 있다

보통 투자자들은 수익률 0.1%에 목을 매다가도, 세금 문제는 의외로 무사태평한 경우가 많다. 세(稅)테크가 수익률을 좌우하는 관건임을 잊지 말아야 할 것이다.

박근혜 대통령 당선과 함께 절세 환경이 급변하고 있다.

소득공제를 받을 수 있는 상한선이 도입되고, 금융소득종합과세 범위도 확대됐다. 직장인에게 유용했던 신용카드 소득공제도 축소됐다. 서민경제 활성화를 기치로 비과세 재형저축이 부활했다. 총 급여 5000만 원 이하 근로자나 종합소득 금액 3500만 원 이하인 사업자는 연간 1200만 원까지 이자소득세를 전액 면제받고 납입액의 40%까지 소득공제 혜택을 받을 수 있다.

또한 농협, 수협, 축협 등 조합 법인에 예치한 1인당 3000만 원 이하 예탁금 및 1000만 원 이하 출자금 배당소득에 대한 비과세 혜택은 2015년까지 3년 더 연장됐다.

주식양도차익 과세대상은 당초 정부안보다 과세범위가 확대됐고, 파생상품거래세 도입은 일단 보류됐다. 이와 함께 정부가 추진한 차명계좌 증여추정 원칙, 국외 예금에 대한 비거주자 증여세 납부의무 신설, 증여재산 범위확대, 금전무상대출 증여세 과세대상 확대 등은 원안대로 확정됐다. 금융환경의 큰 흐름은 자산가들의 세금 부담 증가로 가닥을 잡았다고 볼 수 있다.

일명 '세파라치'로 불리는 탈세 제보자에게 주는 포상금이 최고 10억 원으로 결정될 예정이다. 제도의 실효성을 높여 시민들의 탈세 제보를 많이 받겠다는 의미다. 박근혜 대통령이 공약에서 지하경제를 양성화하고 탈루·체납세액을 적극 환수해 복지재원으로 쓰겠다고 밝혔기 때문에 이러한 흐름은 앞으로도 더 공고해질 것으로 보인다.

금융소득종합과세, 고소득자만 걱정하면 된다

채권투자자들이 가장 민감하게 반응하는 뉴스가 있다. 바로 금융소득종합과세와 관련된 것이다.

과세 기준금액이 4천만 원에서 2천만 원으로 인하된 것이다. 이해를 돕기 위해 금융소득이 3천만 원인 사람을 예로 들어보자.

금융소득, 즉 이자로 3천만 원의 소득을 올리려면 자산이 얼마나 있어야 하는 걸까?

금리를 연 3%라고 가정한다면 약 6억 7천만 원이 있어야 가능하다.

6억 7천만 원을 가지고 1년에 이자소득 3천만 원을 갖고 있는 자산가라면 예전엔 종합소득과세의 대상이 아니었는데, 이제 그 대상에 편입된 것이다.

그런데 착각하지 말아야 할 것이 있다. 종합과세란 것 자체가 근로소득이 있는 사람에게 적용되는 것이라는 뜻이다.

즉 근로소득 없이 금융소득만 3천만 원 있는 이자 생활자는 세 부담이 전혀 늘어나지 않는다. 하지만 연봉이 5000만 원이고 금융소득이 3000만 원인 직장인의 경우라면 사정이 달라진다.

종합과세 대상이 아니었을 때는 약 410만 원의 세금을 냈지만, 앞으로는 약 100만 원의 세금을 더 내야 한다.

기존에 종합과세 대상이었던 사람들은 부담이 더 늘어난다.

만약 연간 8천만원의 금융소득이 있다면 이제까지는 1,060만 원을 세금으로 내면 되었는데, 과세기준이 2천만 원으로 낮아지고 적용세율이 올라감에 따라 앞으로는 1,720만 원을 내야 한다. 고소득자의 경우 상당히 부담스러운 상황이 된 것이다.

비과세 채권, 국민주택2 · 3종 & 브라질국채

세금은 가능한 줄이고 싶다!

모든 투자자들의 바램일 것이다. 잘 찾아보면 이자소득에 아예 과세가 되지 않는 비과세 상품들이 있다. 주식형 펀드와 장기저축성보험이 대표적이다.

증여세 비과세 범위 내에서 자녀 명의로 예금을 드는 방법도 있다. 성인 자녀는 3,000만 원, 미성년 자녀는 1,500만 원까지 증여세가 면제되므로 이 금액의 예금이자는 종합과세에서 제외시킬 수 있다.

이자율이 높은 세금우대상품이 있다면 본인, 배우자, 자녀 명의로 하나씩 가입하는 것도 방법이다. 종합소득세의 과세기간이 1년임을 감안해 이자소득이 특정연도에 발생하지 않고 매년 나누어 발생하게 하면 세금폭탄에서 피해갈 수 있다.

이제 본론으로 들어가 채권과 관련한 절세 방안을 살펴보자.

일단 제일 확실한 것이 비과세 채권이다.

채권은 원금이 아닌 이자소득에 대해 세금이 부과된다. 그러므로 이자가 없다면, 즉 표면금리가 0%라면 세금을 한푼도 낼 필요가 없다. 대표적인 것이 국민주택2종과 3종채권이다. 이들 채권은 보통 액면가에서 할인되어 발행된다. 만기 때 정해진 액면가를 받는 형태로 수익을 내는 것이다. 이러한 채권은 매매차익에 대한 세금도 부과되지 않고, 이자에 대한 세금도 없으므로 완전한 비과세 채권이라 할 수 있다.

다음으로 브라질 국채가 있다. 한국과 브라질간 조세협약에 의해 이자소득과 매매차익이 비과세되어 최근 투자자들의 인기를 한몸에 모으고 있다.

비록 비과세는 아니지만 세금을 줄일 수 있는 방법도 있다.

표면금리가 낮은 채권에 투자하는 것이다. 채권의 표면금리가 낮으면 취득가가 낮아 종합과세 되는 이자수익보다 비과세 되는 매매차익 부분이 더 크므로 투자자 입장에서는 아주 유리하다. 자산규모가 큰 고액 자산가라면 10년 이상 장기채권에 대한 투자를 고려해봄 직하다. 장기채권의 경우 분리과세 대상이 되기 때문이다.

또한 금융소득종합과세가 겁난다면 과세기간이 1년이라는 점을 감안해 이자소득이 매년 고르게 발생하도록 포트폴리오를 구성하는 것이 좋다. 이표채나 분할상환채가 그 대안이다.

분리과세, 무조건 유리할까?

소득세라는 것은 원래 납세의무자의 소득을 종합해 과세하는 종합과세가 원칙이다.
그런데 특정 소득은 정책적인 이유로 분리해 과세할 수 있도록 해주는 것이다. 분리과세 대상이 되는 소득은 소득이 지급될 때 원천징수함으로써 과세가 종결된다. 금융소득종합과세 기준에 걸리는 고액 소득자라면, 이런 분리과세 상품에 가입함으로써 절세 효과를 누릴 수 있다. 하지만 무조건 분리과세를 신청하는 것은 현명한 판단이 아니다.
금융소득종합과세 대상자가 분리과세를 신청하면 이자의 33%에 해당하는 세금을 내야 한다. 오히려 더 많은 세금을 내는 경우도 발생할 수 있으므로 정확한 계산 이후에 결정해야 한다.

또 하나의 절세 상품, 딤섬본드

딤섬본드는 홍콩에서 외국 기업이 중국 위안화로 발행하는 채권이다. 표면금리는 2% 안팎이지만, 당분간 위안화가 절상될 가능성이 높으므로 환차익을 기대할 수 있다. 환차익에 대해서는 비과세이므로 절세효과가 있는 것이다.
대부분 만기가 3년 이내로 짧고, 신용등급 A 이상의 우량 기업이 발행하므로 수익성과 안정성을 모두 노릴 수 있는 투자상품이다.

절세의 아이콘, 물가연동국채

물가연동국채에 대한 인기가 뜨겁다.

인기의 이유는 그 이름을 풀어보면 확인된다.

채권은 채권인데, 물가에 연동하겠다는 것이다. 채권의 원금, 즉 액면가를 물가에 연동해 지급하겠다는 것이다.

요즘같은 저금리 시대에 가장 많이 듣는 얘기가 금리가 물가상승률에도 못 미친다는 것이다. 내 통장에 찍히는 이자에 물가 상승분을 고려하면 원금이 상승하기는커녕 마이너스가 될 수도 있다. 이런 손실을 보전해주겠다는 것이 바로 물가연동국채다.

정확하게 표현하자면 물가지수연동국채다. 이자수익은 기본이고, 물가가 오르면 물가연동계수에 따라 원금에 일정 부분을 추가로 지급하므로 인플레이션 시기일수록 유리한 투자상품이다.

채권투자에 있어 인플레이션에 대한 헷지가 어느 정도 이루어지고, 또한 국채로 발행되기 때문에 안정성 역시나 상당히 확보되었다는 측면에서 상당히 매력적인 상품이다. 소비자물가지수에 따라 이자율이 3개월마다 변경되며, 보통 10년 만기 상품으로 발행되고 있다.

자, 이제 물가연동국채가 어떻게 절세가 되는지 알아보자.

물가연동국채는 표면금리에 대한 이자소득만 과세하고 물가지수와 연동해 지급되는 원금 상승분에 대해서는 과세를 하지 않기 때문이다.

투자자 입장에서 얼마나 이익인지 구체적으로 계산을 해보자.

1억원을 투자해 0.45%짜리 물가연동국채를 매입해서 만기까지 보유한다고 가정해보자.

표면금리에 의한 이자는 1,400만원이 지급될 것이다. 그런데 이 기간 동안 물가가 연평균 3% 올랐다면 원금 1억에 대해 1,800만원의 물가 상승분을 추가로 받을 수 있다. 만기가 도래하면 투자자는 총 3,200만원의 수익금 중 1,400만원의 수익금에 대해서만 세금을 내면 된다.

물가연동국채는 다른 채권에 비해 매매가 활발하게 이루어지므로 현금화 하기도 쉬우며, 그만큼 매매차익을 노리는 전략도 세울 수 있다는 장점이 있다.

그런데 2013년 상황이 급변했다.

물가연동국채에서 비과세 되었던 원금 증가분에 대한 소득이 2013년부터 과세 대상이 된 것이다. 이제 물가연동국채는 머리 속에서 지워버려야 하는 것일까?

물론 그렇지 않으니까, 이렇게 구구절절이 설명을 하고 있는 것이다. 2013년부터 발행되는 물가연동채권은 혜택을 받을 수 없지만,

그 전에 발행된 채권은 절세 혜택을 그대로 누릴 수 있기 때문이다. 2007년, 2010년, 2011년에 발행된 물가연동국채가 현재 시장에서 활발하게 유통되고 있다.

물가연동국채와 관련해 또 하나 달라진 제도가 있다.

2012년까지는 채권을 언제 사든지 모든 혜택을 받을 수 있었다. 예를 들어 만기를 1년 남겨놓고 10년 만기 채권을 사더라도 이자에 대한 분리과세 신청이 가능했다. 그러나 2013년부터는 분리과세를 신청하기 위해 최소 3년은 보유해야 한다. 이는 다른 장기채도 마찬가지이다.

물가연동채권, 손해 볼 가능성은 없을까?

우선 물가연동국채를 왜 발행하는지 그 배경에 대해 이해부터 하자.

물가연동국채는 일반 채권에 비해 표면금리가 낮게 발행된다. 발행자의 입장에서는 채권 발행에 따른 부담감이 적다는 장점이 있다. 인플레이션 리스크가 제거되면서 표면금리와 발행단가가 일반 채권에 비해 훨씬 저렴해지기 때문에 정부의 차입 비용이 절감되는 것이다. 물론 국채의 발행 주체가 국가인 만큼 투자자의 화폐 구매력을 보장해주고 통화정책 실행과 금융시장 활성화라는 거시적인 목적도 가지고 있다.

영국의 경우, 고 인플레이션이 발생한 시점에 물가지수연계채권을 발행해 연평균 6%대의 비용절감 효과를 거두었으며, 재정수지도 안정시킨 사례가 있다. 앞으로 물가연동국채 발행은 선진국뿐 아니라 신흥국가에서도 더 활발해질 전망이다. 국가별로 경제성장률 등을 고려해 투자한다면 의외의 고수익을 올릴 수 있다.

최근 해외 신흥국가에서 발행한 물가연동국채에 대한 관심이 높아지고 있다.

아무래도 저금리 기조에 접어든 선진국 시장보다 빠르게 성장하는 개발도상국의 물가상승률이 가파르기 때문에 매력도 또한 높은 것이

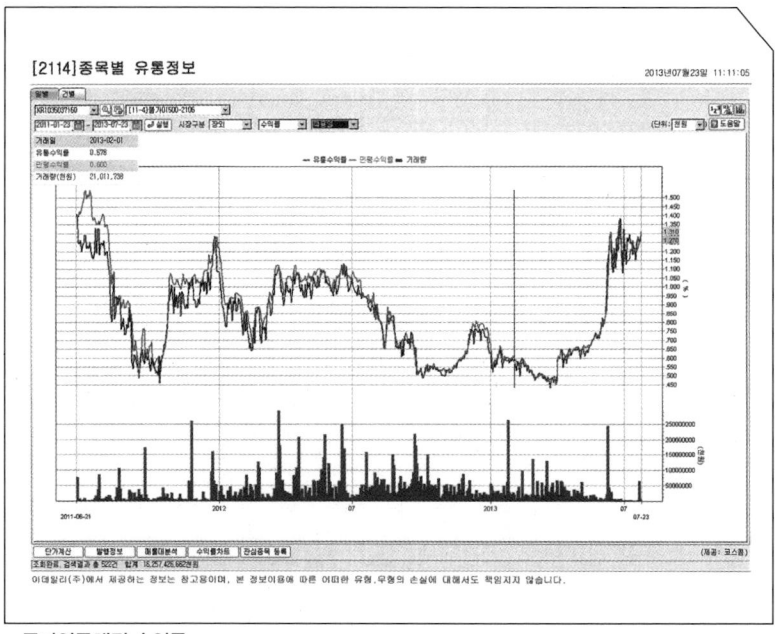

■ 물가연동채권 수익률

다. 하지만 해외 물가연동국채에 투자할 때는 환율의 움직임도 중요한 변수가 된다는 사실을 절대 간과하면 안 된다. 원화 강세가 이어지면 환손실의 우려가 크기 때문이다.

그렇다면 물가연동국채에 다른 위험 요소는 없을까?

물론 있다. 물가연동국채는 대부분 시중금리보다 낮은 금리로 발행되므로 만약 물가가 하락한다면 손실을 볼 가능성도 있기 때문이다.

물론 과거의 사례를 보면, 아무리 경기가 좋지 않더라도 물가상승률은 다소 떨어질지언정 물가 자체는 계속 상승했다. 원금 손실을 볼 확률은 지극히 낮지만, 물가상승률이 크지 않다면 수익률이 떨어지는 결과를 낳게 된다. 그냥 일반 채권에 투자하는 편이 훨씬 나을 수 있는 것이다. 물가상승률이 부담스러운 고액 자산가의 경우 훌륭한 투자 대안이 될 수 있다.

또 최근에 투자 수요가 몰려서 채권 가격에 거품이 발생할 수도 있으므로 투자자들의 주의가 필요하다. 물가연동채권의 현재 가격, 물가지수의 동향, 매매 차익 가능성에 대해 정확한 분석을 통해 투자해야 한다.

3
이머징 마켓 투자전략

브라질, 터키, 인도에 투자한다는 것

먹을 것이 많은 곳에 투자자가 몰리는 것은 당연지사다. 성장세가 정체되어 있는 글로벌 선진국보다는 가파르게 성장하고 있는 신흥국, 즉 이머징 마켓에 더 큰 기회가 있는 법이다.

이머징 마켓 시장의 선두주자는 단연 브라질 국채다. 브라질 국채가 선두를 형성한 가운데 터키와 인도, 맥시코 등이 그 뒤를 따르고 있다. 특히 터키는 2012년 후반부터 국제신용등급 평가사들로부터 계속적인 신용등급 상향이 이루어지면서 관심이 높아지고 있다. 터키의 내수시장 활성화뿐 아니라 수출실적 호전으로 경상수지가 개선되어 선진국 글로벌 은행들도 터키 투자를 확대하고 있다.

또한 터키는 최근 금리인하가 지속적으로 이루어지면서 채권가격 상승에 대한 기대감이 계속적으로 커지고 있고, 터키의 리라화가 원화 대비 강세 흐름을 지속적으로 이어갈 것으로 예상되어 환이익까지 얻을 수 있다는 점이 매력적으로 다가오고 있다. 더욱이 터키 국채의 경우 토빈세(Tobin Tax, 금융상품의 외환거래에 매겨지는 일종의 금융거래세)를 내지 않아도 되므로 부담 없이 매도할 수 있다는 장점도 있다. 최근 터키가 정치적 혼란을 겪고 있기는 하지만 여전히 투자 관심 대상이다.

인도 국채 역시 각광받고 있다. 인도는 내수시장만으로도 엄청난 규모를 과시하는 경쟁력 있는 국가다. 인도 역시 6% 이상의 경제성장률을 보일 것이라는 전망이 나와 있고, 정부의 대대적인 개혁 조치로 재정 적자가 감축되는 상황이다.

또한 인도의 경쟁력 대비해서 시장에서 너무나도 소외받았던 루피아가 서서히 제 위치를 찾아 가고 있어, 환율적인 측면 역시나 강점을 갖고 있다.

미국과 일본 그리고 유럽 등에서 양적완화가 계속 이루어진다면 상대적으로 선진국 통화의 가치는 떨어시게 되고, 신흥국 통화의 가치는 올라가게 될 것이므로 환율적인 측면에서 우려보다는 긍정적 평가가 대세다. 선진국의 유동성이 이머징 마켓의 채권시장에 흘러 들어갈 경우 채권 가격 상승도 점칠 수 있다.

현재 만기가 비교적 짧은 상품과 이표채 형식의 채권 등 투자자의 입맛에 맞는 다양한 상품들이 나오고 있어 지속적 관심을 가질 만하다.

'이머징 마켓'이란 장미에는 가시가 있다

이머징 마켓이 먹을 것이 많은 시장이란 것을 모두가 알게 되었다.

그리고 모든 사람들이 알고 있는 정보는 이미 정보가 아니다. 이머징 마켓이 높은 경제성장률을 기록하고 있는 것은 다 아는 사실인데, 언제까지 그 움직임을 보여줄지 판단해야 할 필요가 있다. 아울러 선진국의 통화정책도 함께 예측하고 투자해야 한다. 그런데 이머징 마켓 국채 투자는 대부분 투자기간이 3~5년이므로 그 동안의 변동성을 예측하기가 무척 힘들다는 것이 가장 큰 문제다. 그 위험요소들을 조목조목 짚어보기로 하자.

첫째, 선진국의 정책 변화다.

지금 미국과 일본 등 선진국들은 자국의 화폐 윤전기를 돌리는 데 혈안이 되어 있다. 화폐 가치를 낮춰 기업들의 수출 경쟁력을 높이겠다는 것이다. 그런데 이러한 인위적 통화정책에 대한 우려와 비판 여론이 거세지고 있다.

또한 선진국 중심으로 장기 불황의 늪에서 서서히 빠져나오고 있는 양상인데, 어느 시점이 되면 돈의 흐름이 신흥국에서 선진국 쪽으로 넘어올 수도 있다. 당장 일어나지는 않을 시나리오지만 국채 투자기간을 감안하면 결코 낮은 확률이라 안심할 수는 없다. 만약 그렇게 된다면 이머징 마켓 통화는 다시 약세로 돌아가면서, 국채에서 수익이 나더라도 대규모 환손실을 볼 가능성이 있다.

둘째, 이머징 마켓의 환율 불안이다.

이머징 마켓의 환율 자체가 펀드멘탈에 수렴하지 않는다는 것이 문제의 핵심이다. 격변하는 이머징 마켓은 정치적으로, 경제적으로 큰 이슈가 발행했을 때 시장의 판세가 급격하게 변화하며 외국 자본의 움직임이 환율에 직접적인 영향을 주므로 외부 요인 변화에도 상당히 취약하다.

여기에 덧붙여 이중환율 거래구조도 문제다. 만약 우리가 터키 국채를 사려고 하면 터키 통화에 대한 원화의 환율을 따지는 것이 아니라 중간에 달러 등 다른 통화를 한 번 더 거쳐야 한다. 터키 통화와 달러화의 동향을 동시에 예측해야 한다는 것이다. 통화 하나의 움직임을 예측하는 것도 신의 영역이라고 하는데, 거기에 또 하나의 통화를 예측한다는 것은 쉬운 일이 아니다. 중간에 연결되는 통화의 움직임이 예상치를 벗어난다면 환율 리스크에 그대로 노출되게 된다.

셋째, 이머징 마켓의 물가정책이다.

사실 금리는 물가와 상당한 관계가 있다. 물가가 높으면 금리가 높을 수밖에 없다.

그렇기 때문에 높은 물가상승률을 보이는 신흥국의 물가연동국채가 최근 고수익 채권으로 각광받고 있는 것이다.

하지만 치솟는 물가를 바라만 보고 있을 국가는 없다. 경제성장 드라이브를 걸던 정부도 국민 불안이 높아지면 물가를 잡는 정책을 내놓게 되고, 채권 투자자는 직격탄을 맞게 되는 것이다. 내가 투자하는 시점이 신흥국의 경제성장률이 꼭지점을 찍는 시점일지도 모른다. 모두가 관심을 갖고, 투자금이 몰리는 시점이 항상 터닝 포인트가 될 수 있다는 점을 염두에 두어야 한다.

이머징 마켓 투자 체크리스트

최근 금융기관들이 이머징 마켓의 인기에 편승해 리스크를 제대로 설명해주지 않은 채 묻지마 투자를 유도하고 있다. 표면이자에 혹해서 자칫 손해를 볼 수 있으므로 아래 사항을 반드시 체크해 볼 필요가 있다.

1. 글로벌 기업이 있는가?
   세계적 경쟁력을 갖추고 수출 선두주자 역할을 해줄 글로벌 기업이 있다면 경상수지 우려감을 줄여줄 수 있다. 또한 외국 자본의 지속적 유입이 가능하므로 통화 가치가 안정적이다.

2. 정치적으로 안정되었는가?
   정치 불안은 정책 불안으로 이어지고 계획적 국가 운영에 걸림돌이 되므로 국가 경쟁력이 떨어지게 된다. 정치적 안정도와 통치세력의 정책 추진 능력도 감안해야 한다.

3. 물가에 대한 국민 여론은 어떤가?
   치솟는 물가와 빈부격차에 대해 강한 불만을 가진 국민들이 많다면 조만간 물가 안정화 정책이 나올 수 있다. 그러므로 국가의 정책과 아울러 국민 여론의 동향도 살펴보아야 한다.

투자 Go, Stop을 알려주는 지표가 있다

신흥국 채권의 강세 흐름을 예측해주는 최고의 지표가 있다.

바로 주식시장이다.

채권과 주식은 서로 상극이라고 생각하는 사람들이 많다. 주식시장이 활황일 때는 상대적으로 채권의 수익성이 떨어지고, 그 반대의 경우에는 수익성이 올라가기 때문이다. 하지만 시야를 좀 더 넓혀 본다면 큰 방향에서는 함께 간다는 것을 확인할 수 있다. 특히나 신흥국의 경우에는 이러한 형태가 더욱 뚜렷하게 나타난다.

즉 그 나라에 대한 성장성과 안정성이 기대가 되면 채권이든 주식이든 할 것 없이 외국자본이 몰려들어오고, 그 반대의 경우 언제 그랬냐는 듯이 빠져나가기 때문이다. 그러므로 신흥국 주식시장을 채권시장의 선행지표로 충분히 활용할 수 있는 것이다.

한 나라의 경제 전망과 무역수지 등을 가장 빠르게 반영하는 것이 바로 주식시장이다. 다시 말해 주식시장은 현재뿐 아니라 미래에 대한 전망까지 반영하고 있다. 주식시장이 꾸준하게 우상향 추세를 보이고 있다면 많은 투자자들이 지속적 성장을 믿고 있다는 의미이며, 이들의 자금이 지속적으로 유입 중이라는 것이다.

경제 지표가 상승세를 보이더라도 주가가 빠지고 있다면 서서히 경제의 꼭지점에 다다른 것이라고 판단하면 정확하다.

사실 채권시장보다 주식시장의 움직임이 더 빠르다는 데 이론은 없다. 자금 규모에 있어서도 비교할 수 없을 정도로 크며, 채권보다는 주식시장의 자금이 훨씬 더 유동적이다. 투입이나 회수 측면에서 모두 빠르게 움직이고, 상대적으로 작은 움직임에도 민감하게 반응을 한다. 물론 주식시장은 상승과 하락을 반복하며 큰 변동성을 보이기 때문에 단순히 며칠의 주가를 가지고 추세라고 단정지을 수는 없다. 하지만 한 국가의 경제는 일정 방향으로 움직이기 마련이므로, 장기간 투자해야 되는 채권 투자에 있어서는 그 추세를 확실하게 파악하는 것이 중요하다.

이머징 마켓의 국채에 투자하고자 하는 사람이라면 경제성장률이 아무리 좋더라도, 주식시장의 상승세가 꺾인 나라에는 투자하지 말아야 한다. 설사 현재의 주가가 주가 상승에 따른 매물 소화 과정이고 재차 우상향에 대한 모습을 보일 가능성이 있다고 하더라도, 신중한 투자 자세가 필요하다. 우상향 패턴이 다시 견조하게 형성되는 것을 확인한 후, 투자를 결정해도 늦지 않다는 애기다.

한 나라를 콕 집어 투자해야 한다면?

지금 현재 시점에서 가장 매력적인 상품을 추천해 달라고 한다면 단연 '브라질 국채'다.

최근 브라질이 연이은 금리 인상(7.5 → 8%)을 단행함으로써 투자매력이 떨어진 것이 아닌가 하는 의문을 품을 수 있다.

하지만 환율을 떨어뜨려 가격 경쟁력을 올리지 않아도 충분히 성장을 이어갈 수 있다는 자신감으로 해석될 수도 있다. 또한 경제성장률 대비 물가상승률이 치솟는 상황에서 물가를 잡기 위한 정책으로도 볼 수 있다.

그리고 지금 투자를 결정한다면 추후 금리인상에 대한 불확실성이 어느 정도 해소되었으므로 큰 장점이 될 수 있다. 이미 큰 폭의 금리상승으로 인해 브라질 국채 가격이 큰 폭으로 떨어졌기 때문이다.

브라질은 2014년 월드컵과 2016년 올림픽이 예정되어 있는 나라다.

즉 엄청난 외화가 필요한 상황이고, 이러한 형태의 고금리 기조를 이어가게 된다면 외화 자금이 엄청나게 유입될 것은 불을 보듯 확실하다. 또한 환율에 있어서도 우려보다는 기대 쪽에 무게가 실리고 있다. 현재 원/헤일 환율이 500원 대에서 강하게 바닥을 다지고 있다. 채권 가격은 이미 큰 폭으로 떨어진 상황이고 헤일화의 강세가 이어진다면 매매차익과 환차익까지 노릴 수 있는 노른자 중의 노른자 상품인 것이다.

물론 달러화의 강세 여부에 다라 헤일화의 움직임 역시 예측하기 어려운 것이 사실이다. 하지만 한국과 브라질의 경우, 투자시장에서의 위치나 대우가 엇비슷한 상황이기 때문에 한국과 브라질 통화의 움직임이 선진국 대비해 비슷하게 움직인다고 생각하면 된다. 변동성에 대한 우려는 생각보다 크지 않을 수 있다.

무엇보다 브라질의 성장률이 지속적으로 우상향 패턴을 그리고 있고, 2개의 빅 스포츠 이벤트를 앞두고 있는 상황에서 브라질 통화에 대한 수요는 증가세를 보일 가능성이 매우 크다. 최근 비과세 혜택이나 토빈세 폐지 등도 투자의 매력을 더해주는 좋은 조건이 되고 있다.

4
요즘 뜨는 HOT한 채권

미국 시장에서 검증된, 구조화채권

요즘 채권시장에서 가장 핫한 채권 중 하나가 바로 구조화채권이다.

상당한 고수익이 가능한 채권이란 입소문이 나면서 투자자들의 관심이 높아지고 있다.

구조화채권은 채권과 파생상품이 결합된 형태다. 일반 채권처럼 수익률이 미리 결정되는 것이 아니라 금리, 주식, 통화 등의 기초자산에 연동되어 수익률이 결정된다는 것이다.

구조화 채권을 사면 옵션, 스왑 등의 파생상품을 거래하는 것과 동일한 효과를 기대할 수 있다. 최소한의 안전 마진을 확보해 두고, 파생상품으로 고수익을 기대하는 것이다. 구조화채권은 어떤 기초자산에 연동할 것이냐를 기준으로 금리연계, 신용연계, 주식연계, 통화연계, 상품연계 구조화 채권으로 나눠진다.

미국의 사례를 보자면, 저금리 기조가 본격적으로 시작되면서 구조화 채권이 급격히 성장했다. 우리나라의 경제 상황을 볼 때 구조화 채권에 관심이 가는 것은 당연한 일이다.

자, 그렇다면 가장 일반적인 형태인 금리연계 구조화채권에 대해 알아보자.

금리연계 채권을 이해하려면 지표금리, 가상금리, 기타옵션의 3가지 구조를 알아야 한다. 기본적인 지급이자를 결정하는 것은 지표금리이고, 발행자의 신용도 및 시중의 자금 흐름으로 결정되는 것이 가산금리이다.

그리고 가장 중요한 기타옵션이 파생상품과 관련된 부분이다. 보통 금리 변동을 헷지할 수 있도록 '매수 매도 옵션'과 '최고금리 최저금리 옵션', '레버리지 옵션' 등이 사용된다. 이런 구조화채권에 투자할 적기는 금리 인상이 예상될 때이나. 금리 인상이 되어야 지표금리에 가산금리를 붙여 인플레이션 위험을 헷지하고, 수익을 늘려갈 수 있기 때문이다.

최근 구조화채권에 대해 개인투자자들의 관심이 높아지긴 했지만, 아직까지는 개인투자자들이 쉽게 접근하기 어려운 것이 사실이다. 그러나 우리나라에서도 저금리 기조가 계속될 것이란 전망 하에서 관심을 가져야 할 투자 대안임은 확실하다.

연수익 5~7%의 매력, 우리다시채권

'우리다시'란 예쁜 이름은 한국어가 아니다.

'우리다시(賣り出し)'는 개인투자자 대상으로 소액 판매하는 외화채권을 뜻하는 일본어다.

현재 한국수출입은행과 산업은행이 발행하고 있으며 대신증권, 대우증권, 현대증권 등에서 판매하고 있다.

우리다시채권은 다양한 통화를 이용한 분산투자가 가능하며 만기도 짧다. 그러나 상대적으로 높은 수익을 얻을 수 있어 저성장, 저금리 기조 속에서 매력을 높이고 있다. 보통 2~4년 만기로 국채보다 투자기간이 짧고 세전수익은 5~7%로 국채보다 높다. 다만 환헷지가 안 되는 만큼 해당 국가의 통화 강세 여부를 체크하고 투자해야 한다.

즉 외화의 금리가 인상될 때 수익률이 높아지는 형태이기 때문에 지속적으로 금리 인상을 단행할 수 있는 나라에 투자하는 것이 유리하다. 즉 통화가치가 지속적으로 올라갈 것이 예상되는 나라, 급속한 경제성장을 이루고 있는 나라에 투자해야 하는 것이다.

현재 투자할 수 있는 우리다시채권 상품은 만기가 2015년과 2017년이며 맥시코, 남아프리카공화국, 호주, 브라질 등의 통화 중 하나를 선택할 수 있다.

강남 부자들이 눈독을 들이는, 메자닌펀드

최근 펀드시장에서 이슈가 되고 있는 것이 바로 메자닌(Mezzanine)펀드이다.

메자닌 펀드는 채권 중에서 전환사채, 신주인수권부사채, 교환사채 등에 투자하는 상품이다. 쉽게 얘기 해서 주식과 채권의 중간 성격을 띠고 있는 채권에 투자하는 중위험 중수익 채권형 펀드라 할 수 있다.

주식 관련 채권과 마찬가지로 채권을 통해 최소한의 금리는 확보한 상태에서, 주식으로 전환할 경우 차익에 대한 고수익을 노리는 것이다. 투자한 기업의 주가가 올라 전환할 경우 일반 채권 투자와는 차원이 다른 수익을 얻을 수 있으며, 주식시장이 좋지 않을 경우에도 그 기업이 부도만 나지 않으면 최소한의 수익은 확보되므로 안정성까지 확보된 상품이다.

최근 주식시장 하락기에 대한 헷지의 매력이 부각되면서 강남 부자들과 슈퍼리치들의 자금이 메자닌펀드로 몰려들고 있다. 단점이라면 가입 금액이 일반 펀드보다 높게 형성되어 있다는 것이다. 대부분 상품의 경우 5천만 원 이상의 금액으로 제한되어 있는데, 그 이유는 전환사채나 교환사채의 발행 물량 자체가 부족하기 때문이다.

메자닌펀드에 대한 관심이 뜨겁기는 하지만, 친구가 강남 가면 따라간다는 식으로 투자하는 것은 바람직하지 않다. 자신의 투자금 규모와 투자상황에 맞는지 확인해본 후 투자하는 신중함이 필요하다.

고수익과 고위험의 이중주,
자산유동화증권

최근 자산유동화증권(ABS, Asset Backed Securities)에 대한 관심이 뜨겁다.

자산을 유동화 해 그것을 근거로 발행한 증권이라는 의미이므로, 비유동 자산을 유동화 했다는 이야기가 된다. 여기서 유동화 할 수 있는 비유동 자산이란 무엇일까? 쉽게 생각해서 부동산이 있다. 또 매출은 일어났으나 받지 못 한 미수금이 있다. 금융기관이 부동산을 담보로 빌려준 대출금이나 스마트폰 할부 대금이 대표적이다. 이런 구체적인 자산뿐만 아니라, 미래에 일어날 수 있는 매출과 같이 불확정적인 자산을 유동화시킬 수도 있다.

마지막 사례, 즉 아직 매출이 일어나지는 않았지만 미래에 매출이 일어날 것이라는 예측을 바탕으로 채권을 발행하는 상황을 예로 들어보자. A타이어 회사는 세계적인 자동차 업체와 납품 계약을 체결했다.

A타이어 회사가 5년 납품 계약을 한 상태에서 현재 1년이 지났다면, 앞으로 4년 동안에 발생될 수 있는 매출을 담보로 잡고 자산유동화증권을 발행할 수 있는 것이다. '미래의 매출'이란 비유동 자산을 유동화시킨 것이다.

A타이어는 앞으로 4년 동안의 실적에 대해 유한회사를 설립하고, 모든 실적을 그 회사에 귀속시킨다. 그러면 그 유한회사는 추정된 실적을 바탕으로 유동화증권을 발행하고 일반 투자자들에게 투자를 받

을 수 있게 되는 것이다.

그런데 만일 A타이어 회사가 여러 가지 사정으로 인해 미래 매출이 나올 수 있는 계약이 종료되거나, 워크아웃에 들어가는 상황이 발생하면 어떻게 될까? A타이어 회사가 돈을 갚을 의무도 동시에 종료되므로 투자자들은 원금 손실이라는 최악의 결과를 맞게 된다.

그래서 자산유동화증권에 투자하기 전에 꼭 알아두어야 할 것이 있다.

신고서나 투자설명서에서 '기한이익상실'의 조건을 확인하는 것이다. 만약 이 조건이 포함돼 있다면 해당 기업이 워크아웃을 신청할 경우에도 조건에 따라 조기상환이 가능하기 때문이다.

자산유동화증권 중 가장 규모가 큰 것이 한국주택공사가 발행한 주택저당채권(MBS)으로 10조 원 이상 규모가 발행되었다. 또한 최근에 성장세가 눈부신 단말기할부채권도 빼놓을 수 없다. 하나SK카드가 SK텔레콤으로부터 인수한 단말기할부채권이 대표적이다.

자산유동화증권에 투자할 때는 미래의 매출, 즉 실적 예상치가 얼마나 타당하게 설정되었는지 분석하는 작업이 가장 중요하다. 미래의 매출이 불확실하거나 현실성이 낮다고 판단되면 투자를 하지 말아야 한다. 또한 관련 업종의 향후 전망과 전체적인 경제상황의 변화도 체크해야 하는 포인트다. 해당 업종 자체가 포화상태이거나, 경기 전망이 밝지 않다면 예상 실적 범위를 낮춰잡아야 하기 때문이다.

반영구적으로 이자를 받는 하이브리드채권

하이브리드(Hybrid)란 둘 이상을 섞어놓았다는 것이다. 그러면 하이브리드채권은 무엇과 무엇을 섞은 것일까? 주식과 채권을 믹스해 놓은 이종배합 상품이란 의미다. 그러면 여기서 주식과 채권의 차이에 대해 간단히 짚고 넘어가자.

주식은 일종의 자기자본이다. 주식의 소유자는 회사의 주인이므로 수익이 났을 경우에는 매매 차익과 배당금을 챙길 수 있지만, 회사가 파산한다면 배당 순위가 한참 뒤처지게 되는 것이다. 반면 채권은 타인자본이므로, 회사의 주인으로서 권리를 주장할 수 없다. 하지만 주식과 달리 회사의 경영상태가 좋든 나쁘든 원리금을 수취할 수 있는 권리를 가지고, 회사가 부도나 파산했을 경우에는 주식보다 우선 변제받을 수 있다.

하이브리드채권은 주식처럼 만기가 없다는 것이 가장 큰 특징이다. 발행주체는 상환 의무가 없으며, 채권처럼 매년 확정이자를 지급한다. 또한 주식처럼 매매가 가능하다.

하이브리드채권은 이제까지 주로 은행권에서 발행했으나, 최근에는 기업들도 그 대열에 동참하고 있다. 종류로는 영구후순위채, 누적배당형 우선주 등이 있다.

영구후순위채란 중도상환 청구권(콜 옵션)을 행사하기 전까지는 반영구적으로 일정한 이자를 주는 채권을 말한다. 얼핏 보면 일반적인 후순위채와 비슷해 보이지만 만기가 없다는 점이 다르다. 하이브리

■ 하이브리드채권 신규발행 통계

드채권이란 이자를 지급한다는 점에서는 채권이지만, 자기자본으로 인정받을 수 있다는 점에서는 주식의 성격을 띠는 것이다.

우리나라에서는 2003년 하나은행과 외환은행 등이 하이브리드 채권을 발행하기 시작했다. 당시 외환은행은 연 8.5%라는 조건을 내세워, 판매 당일 30분 만에 218억 원이 팔리고 3일 만에 전체 물량 2,500억 원이 모두 소진되는 폭발적 인기를 끌었다.

2012년 10월에는 두산인프라코어가 국내 기업 중 처음으로 5억 달러 규모, 30년 만기이며 기간 무제한 연장이 가능한 하이브리드채권을 발행했다. 30년 기한이 있기는 하지만, 만기 연장이 무제한이라는 점에서 '영구채'의 성격을 띠고 있다. 미국 굴삭기 업체 밥캣 등의 인수로 재무적인 어려움을 겪고 있던 두산그룹이 이례적인 결정을 내린 것이다. 이를 계기로 하이브리드채권을 자본으로 볼 것인지, 부채로 볼 것인지에 대해 논란이 일기도 했다.

하이브리드채권이 영구적으로 금리가 보장된다는 장점이 있기는 하지만, 주의해야 될 점도 있다. 만기가 없는 영구채의 경우에도 최소 5년 이상은 투자해야 하기 때문에 돈이 오래 묶여 있어야 하며, 선순위채권보다 변제 순위가 뒤로 밀린다는 점이다. 따라서 기업이 파산할 경우, 일반 채권보다 상대적으로 더 큰 손해를 볼 수 있다.

올해 하이브리드 채권은 무려 6조 원 이상이 발행될 것으로 예측된다. 투자자들이 중수익 중위험 상품을 선호하고 있고, 발행자들 입장에서도 저금리 기조로 인해 발행 환경이 좋아졌기 때문에 하이브리드채권은 앞으로 활발하게 발행될 전망이다.

노후자금에 유리한 스트립(Strips)채권

이표채에서 원금과 이자 부분을 분리하여 매매하는 것을 스트립채권이라고 한다. 즉 한 개의 원금 스트립과 이자를 받는 횟수만큼의 개별 무이표 채권을 만들어 유통시장에서 거래할 수 있도록 한 것이다. 5년물 이표채(분기별 이자 지급)라면 원금 스트립 1개와 20개의 무이표 채권, 즉 21개의 스트립으로 분리되는 것이다.

2006년 처음 도입되었으며, 대부분 국채 발행시 이루어진다. 스트립채권의 가격은 만기 지급되는 원금을 할인율로 할인한 가격으로 결정되는데, 투자시점에서 수익률이 확정된다. 보통 스트립채권은 단기투자보다 장기투자에 적합하다. 재투자 위험이 없고 만기수익률이 확보되기 때문이다. 개인투자자의 경우 노후자금에 대한 포트폴리오를 구성할 때 고려해 볼 만하다.

5
채권도 분산투자하라

유비무환 분산투자의 팁 3가지

채권투자에 있어서도 역시나 분산투자는 중요하다.
제 아무리 좋은 기업을 선정하고 좋은 국채에 투자한다고 하더라도 불확실성을 완전히 제거하지는 못 하기 때문이다. 주식과 마찬가지로 채권도 몰빵투자는 위험한 법이다.

분산투자하는 방법에는 크게 3가지가 있는데 하나씩 알아보도록 하자.

첫째, 기간을 분산하라.

말 그대로 만기가 다른 채권을 매수하는 전략이다. 예를 들어 6개월, 1년, 2년, 이렇게 채권의 잔존 만기를 다양하게 투자하면 불확실성을 낮춤과 동시에 유동성도 확보할 수 있다. 아무리 좋은 채권도 만기가 길면 불확실성이 높아지는 법이다. 일정 자금이 단기간 내에 들어온다면 자금 운용계획을 세우기도 좋고, 그 시점에서 가장 좋은 채권에 재투자할 수도 있다.

둘째, 부도 위험을 분산하라.

부도의 위험을 분산하려면 신용등급이 다른 채권에 골고루 투자하는 것이 좋다. 물론 신용등급이 높은 채권에만 투자하면 가장 안정적이겠지만, 원하는 수익률을 얻지 못 할 수도 있다. 채권투자자 중에서도 공격적인 투자를 하는 사람이 있고, 예금 금리보다 조금 더 나오는 수익에 만족하는 사람이 있다. 투자자의 기대수익률에 맞춰 신용등급이 높은 채권과 낮은 채권을 믹스하면 안전성과 수익성을 모두 누릴 수 있다.

또한 같은 신용등급이라고 할지라도 업종을 달리 투자하는 것이 좋다. 아무리 경제상황이 나빠진다 하더라도 모든 업종이 하락세를 보이고, 경제상황이 좋아진다고 모든 업종이 성장세를 보이는 것이 아니기 때문이다.

셋째, 투자 형태를 분산하라.

투자 형태를 분산하라는 것은 직접 투자뿐 아니라 간접투자 상품에도 분산 투자하라는 것이다. 또 국내 채권 뿐 아니라 외국 채권에도 투자하는 것을 고려하라는 것이다. 간접투자 상품을 포트폴리오에 편입하게 되면 종목 자체도 분산되지만, 자신의 운용전략이라는 한계에서도 탈피할 수 있는 장점이 있다. 다양한 전문가들과 함께 채권투자를 하는 셈이므로 운용 전략이나 시장을 바라보는 시각에 대한 불안감을 줄일 수 있다.

분산투자의 핵심 전략, 장내채권

분산투자 원칙을 철저하게 따르는 사람들이 있다.
아무리 우량기업이라고 하더라도 몰빵투자하는 일은 절대로 하지 않는다. 그런데 분산투자라는 것이 아무래도 몰빵투자보다는 품이 많이 들어가는 일이다.

1억원 정도의 자금으로 채권투자를 하고 있는 A씨를 사례로 들어보자.

그가 청약을 받거나 장외채권에 투자하려면 일단 여러 증권사를 돌아다니며 자기의 투자여건에 맞는 채권이 나왔는지 알아봐야 할 것이다. 그 중 하나, 마음에 드는 채권이 나왔다면 해당 증권사에 계좌를 개설하고 돈을 이체해야 할 것이다. 그리고 또 다른 채권을 알아보기 위해 위와 같은 과정을 수도 없이 반복해야 한다. A씨는 아마 채권을 알아보느라 본업에 지장을 받게 될 것이다. 살만한 채권이 없다면 현금을 방치해야 하므로 기회비용을 낭비하는 셈이 된다. 결국 A씨는 분산투자를 포기해야 하는 걸까?

절대 그렇지 않다. 장내채권이 있기 때문이다.

HTS를 통해 무수히 많은 매수자와 매도자가 거래에 참여하므로, 내가 원하는 채권을 내가 원하는 수량만큼 정확하게 살 수 있다는 장점이 있다. 종목 분산뿐 아니라 자금계획도 철저하게 계획할 수 있다는 얘기다. 소액투자자의 경우, 장외채권은 규모가 커서 접근이 어렵지만 장내채권은 얼마든지 투자가 가능하다. 특히 장내채권은 HTS 상에서 채권의 만기와 매매호가 등 다양한 정보를 확인할 수 있어 초보투자자의 경우도 비교적 손쉽게 투자할 수 있다.

위의 A씨 사례를 다시 살펴보자.

그는 업종별, 등급별로 자신이 정한 기준에 따라 15개의 장내채권에 분산투자를 할 수 있었다. 등급이나 표면이자율을 일정 범위 안에서 정해 그 기준에 맞는 채권에 투자했으므로 전체적인 수익률 계산도 정확하고, 각 채권의 만기를 분산시켜 자금 활용도 원활하도록 했음은 물론이다. A씨는 이제 마음 놓고 본업에 종사할 수 있게 되었다.

장내채권의 또 다른 장점은 특정 그룹에 편향되지 않을 수 있다는 것이다.

장외채권 투자자들에게 '그 나물에 그 밥'이란 얘기를 자주 듣는데, 같은 그룹이 발행한 채권들이 시장에 많이 유통된다는 얘기다. 분산투자를 원하는 투자자는 업종이 다르더라도, 같은 그룹에 몰빵하는 것을 피하려고 한다. 같은 그룹에 투자한다면 분산투자의 효과가 반감되기 때문이다. 특히 발행시장에서는 같은 그룹에서 신규 채권이 계속 나오는 경우가 많다. 재무구조가 악화된 그룹의 관련 계열사에서 채권 발행이 지속적으로 이루어지기 때문이다.

하지만 장내채권에 투자할 경우는 다양한 그룹, 다양한 업종의 수많은 채권이 존재하므로 안정성과 수익성을 따져보고 매매할 수 있어 리스크 분산효과가 훨씬 크다는 것이다.

장내채권, 2가지 위험요소를 피하라

앞서서 장내채권의 장점에 대해 얘기했으니, 이제 위험요소에 대해서도 알아보자.

첫째, 최신자료를 구하기 힘들다는 것이다.

신규 발행된 채권에 대해서는 관련 자료들이 쏟아져 나온다. 하지만 채권 발행 시기가 오래된 것일수록 최신자료를 지원받을 수 있는 가능성은 줄어든다. 채권 발행 당시의 과거 자료로는 부족하니 관련 업종이 어떻게 변화했는지, 경기 흐름은 어떻게 바뀌었는지, 기업의 투자계획이 현재도 잘 진행되고 있는지 꼼꼼하게 체크해야 한다.

다시 말해 그 채권을 팔려고 내놓은 의도를 파악해야 한다는 것이다.

정말로 유동성을 위해 내놓은 채권이라면 상관없겠지만, 부도 우려감이 커지고 있어서 위험 회피 차원에서 장내 매도를 하는 경우도 있다는 점을 염두에 두어야 한다. 물론 모든 종목을 혼자서 분석할 필요는 없다. 장내채권 역시 전문평가기관의 자료를 참고하고, 전문가의 조언을 들으면 된다. 알찬 포트폴리오를 구성하기 위해서는 어느 정도는 노력이 필요한 것이다.

둘째, 수수료 문제이다.

일반투자자의 경우 수수료는 무시하는 경향이 있는데, 실질 수익률을 감소시키는 부담 요인이 되므로 당연히 투자계획을 세울 때 감안해야 한다.

장외채권, 특히 청약시의 수익률은 증권회사 등에 지급되는 수수료를 제외한 실질 수익률이다. 고객들이 증권회사에 따로 낼 돈은 없다는 의미다. 그러나 장내채권은 이야기가 다르다. 매매할 때마다 매매수수료가 별도로 지불된다. 매매수수료를 포함하면 채권의 표면이자율이 달라질 수 있다는 점을 반드시 염두에 두어야 한다.

알아두면 돈이 되는 채권투자전략 7

자신이 원하는 수익률을 원하는 타이밍에 확보하기 위해서는 다양한 투자전략이 필요하다. 지금부터 소개하는 7가지 투자 전략들을 알아두면 전문가 못지 않은 투자 테크닉을 구사할 수 있다.

1. 잔존기간 일치 전략
은행예금처럼 필요한 시점에 필요한 수익을 얻기 위해서는 투자한 채권의 잔존기간을 일치시켜야 한다. 이러한 경우 이표채보다는 할인채나 복리채에 투자하는 것이 적합하다.

2. 금리 전망 활용 전략
금리 하락이 예상되면 장기 채권(고정금리 복리채)에 투자하고, 금리 상승이 예상되면 변동금리부채권이나 단기채권에 투자하는 것이 유리하다. 만약 급격한 금리 하락이 예상된다면 잔존 만기가 길고 표면금리가 낮은 채권에 투자해 매매차익을 노리면 된다.

3. 세후수익률 전략
채권은 표면금리에 대해서만 과세하므로 매매수익률이 같아도 세후수익률은 차이가 날 수 있다. 같은 수익률이라면 표면금리가 낮은 채권에 투자하는 것이 유리하고, 분리과세가 가능한 채권에 투자하는 것도 수익률을 올릴 수 있다.

4. 수익률 곡선타기 전략
수익률 곡선이 우상향일때 자신의 보유기간보다 잔존 만기가 긴 채권에 투자해 만기 이전에 매각함으로써 만기별 수익률 차이에 의해 이익을 얻는 투자기법이다.

5. 채권교체 전략

동일한 조건의 채권 중 저평가된 채권으로 교체하는 동종채권교체, 다른 두 종목간 수익률 격차가 일시적으로 벌어졌을 때 교체하는 이종채권교체, 이자율 하락이 예상될 때 만기가 짧고 표면금리가 높은 채권으로 교체하는 이자율교체 전략 등이 있다.

6. 만기 전략

채권을 매입하여 만기까지 보유하되 이자율 변동 위험을 줄이기 위해서 다양한 만기를 지닌 채권들로 포트폴리오를 구성하는 전략이다.

7. 채권 면역전략

미래의 금리 수준 변동에 관계없이 목표시점에서의 투자수익률을 채권 매입 시점에서 예상한 투자수익률과 동일하게 유지하고자 하는 전략이다.

# 5장

유비무환 채권 리스크 관리하기

채권투자·하기·전에·꼭·알아야·할·것들

1
채권 투자정보 옥석 가리기

> 투자해야 돼, 말아야 돼?

채권이든 주식이든 투자는 정보 싸움이다.

채권투자에 있어 기업에 대한 정보는 어디서 얻어야 하며, 그 진위는 어떻게 분석해야 하는 걸까? 일단 채권을 발행하면서 기업이 제출한 투자설명서와 증권신고서를 기본적으로 확인해야 한다. 채권을 발행하는 기업은 의무적으로 금융감독원에 관련 서류를 제출해야 한다.

이러한 정보들은 증권사 직원에게 요청해도 되지만 금융감독원의 전자공시시스템 다트(http://dart.fss.or.kr)에서 직접 확인할 수 있다.

자, 그러면 다트에 들어가기 전에 투자설명서에서 어떤 포인트를 확인해야 하는지 알아보자.

채권을 발행하는 이유, 사업계획의 타당성, 투자받는지의 여부, 이자율에 대한 적정성, 기업의 신용등급 타당성 등을 중심으로 보면 된다. 그 중 가장 중요한 것은 채권 발행 사유다. 지금부터 2가지 시나리오를 통해 자세하게 설명해보겠다.

첫 번째 시나리오, 신규사업의 함정이다.

초우량 기업이 의외의 높은 금리를 제공하는 경우, 무조건 혹해서 들어가면 안 되고 그 배경을 살펴볼 필요가 있다. 대부분의 경우 신규사업에 진출하는 경우가 많을 것이다. 예를 들어 석유화학제품에 강점이 있는 기업이 태양광 사업에 진출한다는 식이다. 글로벌 경쟁력과 안정된 공급처를 가진 기존 사업과 신규사업은 위험도에 있어 하늘과 땅 차이라 할 수 있다. 제 아무리 우량한 기업이라도 전문분야가 아닌 새로운 분야에서는 실패확률이 높아지는 법이다. 그러니 그 기업의 신용도로만 평가해서는 안 되며, 신규사업의 위험도를 플러스해서 이자율이 적정한지 판단해야 한다.

두 번째 시나리오, 타이밍의 불일치다.

2년 만기인 채권의 투자설명서에 채권 발행 이유가 선박 구입이라고 되어 있다면 뭔가 의심의 눈길을 보내야 한다. 선박 구입을 통해 수익이 창출되려면 적어도 3년 이상이 걸리는데 만기가 그보다 짧다면 도대체 무슨 돈으로 상환할지 의문이 드는 것이다.

반대의 경우도 마찬가지다. 선박 구입을 통해 수익이 창출되는 기간이 5년 이내인데, 채권의 만기가 10년이라면 상환 불이행에 대한 위험도는 부쩍 증가하는 것이다.

채권에 투자할 때 가장 중요한 것은 이자 지급 능력과 만기가 되었을 때의 상환 능력이다. 현실성이 없는 사업 구상이나 불확실성이 너무 큰 채권의 경우에는 아무리 등급이 높은 채권이라 할지라도 투자를 피하는 것이 현명하다.

애널리스트의 보고서, 어디까지 믿어야 할까?

채권에 대해서도 애널리스트들의 보고서가 매일 올라온다.

전체적인 시황, 업종 동향, 종목에 대한 정보 등을 통해 내게 맞는 투자전략을 세울 수 있다. 하지만 애널리스트의 보고서를 절대 맹신해서는 안 된다. 물론 애널리스트가 쓴 보고서에는 객관적으로 상당히 유용한 정보들이 많은 것이 사실이다. 일반투자자가 알기 어려운 국채와 회사채 간의 스프레드, 콜금리와 CD금리의 움직임, 국채시장에 대한 외국인의 매매 현황 등 다양한 정보를 통해 채권시장을 빠르게 파악할 수 있다. 하지만 애널리스트의 의견만 믿고 무조건 투자하다가는 큰 낭패를 볼 수 있다.

애널리스트는 대부분 증권사 직원이란 점을 간과하면 안 된다.

증권사 직원으로서 완벽하게 객관적이고 비판적인 정보만을 올릴수는 없는 것이다. 투자전략에 대해 정확하게 짚었다 해도, 회사의 정책이나 입장과 다른 방향이라면 어쩔 수 없이 수정이 되는 구조이기 때문이다.

국채를 비롯한 채권의 매각 시점인데, 몇몇 대형 증권사들이 긍정적인 분석 보고서를 통해 개인투자자들에게 물량을 넘기는 사례가 실제로 적발된 적이 있다. 주식시장에 있어서도, 애널리스트 보고서가 나오고 주가가 오히려 하락하는 경향이 있다. 보고서에 실릴 내용을 미리 안 사람들이 보고서가 나오면 주식을 파는 행태를 보이기 때문이다. 보고서의 홍행이 곧 애널리스트의 실적이기 때문에 주식의 경우에도 그 기업의 주가가 어느 정도 급등하고 시장의 관심이 많아질 때, 즉 꼭지 시점에서 내놓는 보고서가 많다는 점은 이미 주지의 사실이다.

다행히 아직까지는 주식보고서에 비해 채권보고서의 신뢰도가 훨씬 높다.

애널리스트의 보고서에서 취해야 할 것은 팩트다. 자료수집 목적으로만 이용하고, 분석 및 투자전략 수립은 투자자 자신이 해야 한다는 사실을 명심하면 된다.

공시는 거짓말하지 않는다

투자자들에겐 기업의 재무제표보다 더 객관적인 자료는 찾기 힘들다.

재무제표에서 자본과 부채, 영업이익이나 순이익, 자기자본비율 등 재무상의 지표를 확인할 수 있기 때문이다.

하지만 '재무제표가 그 기업의 모든 것을 투명하게 보여주는 수치일까'라는 질문에 쉽사리 긍정을 할 수는 없다. 악의적으로 분식회계를 하지 않는다 하더라도, 기업 입장에서는 주주나 투자자들에게 가급적 잘 보이도록 약간의 위장과 과장을 하기 마련이기 때문이다.

예를 들어 건설사가 수주에 성공했다면, 미래에 받을 돈을 미리 충당해 자산으로 계산하는 경우가 있다. 실제로 돈이 들어오지 않은 상태에서 자산으로 잡히게 되므로 과대계상된다는 것이다. 이러한 상황에서 그 기업의 재무제표 수치를 제대로 파악하는 방법이 있을까?

다행히 공시라는 제도가 있다.

'공시'란 기업의 중대한 변화가 있을 때 주주와 투자자들에게 그 사항을 의무적으로 알려야 한다는 것이다. 기업의 입장에서는 언제 공시를 내는 것이 유리한지 파악한 후 최대한 자신들에게 유리한 시점에 공시를 하겠지만, 현재의 거래소 시스템상 그다지 오랜 시간이 소요되지 않는다. 위에서 말한 건설사의 경우도 공시를 통해 수주 실적과 시기에 대해 정확한 정보가 나오므로, 재무제표상의 과대계상을 어느 정도 파악할 수 있다.

또한 수주가 취소된 경우도 공시를 통해 곧바로 알 수 있기 때문에 공시 내용만 잘 파악한다면 해당 기업에서 현재 벌어지고 있는 일들, 미래 전망들을 대충 펠 수 있다는 것이다. 채권투자의 안정성을 확보하기 위해서는 재무제표를 기초자료로, 기업 공시를 보조자료로 활용하는 것이 현명하다.

정확한 정보는 기업 탐방을 통해 확인하라

채권에 대한 정확한 정보를 알기 위해서는 발품을 파는 것이 좋다.

부동산 투자를 하려는 사람 중에 자기가 투자하려는 물건을 직접 확인하지 않고 투자하는 사람은 없다. 부동산에서 말하는 정보를 그대로 믿을 수는 없는 것이다. 그 주변의 상권이나 유동인구, 역세권 정보 등을 확인하는 절차는 꼭 거치게 된다.

채권 역시 내가 투자하려고 하는 투자 포인트가 실제로 맞는지 직접적인 현장을 확인하고 투자 여부를 결정하는 것이 좋다는 것이다.

몇 해 전부터 주식투자자들 사이에 기업 탐방 문화가 상당히 활성화되어 있다. 필자 역시 개인투자자나 기관투자자들과 함께 기업 탐방을 다니며 언론 매체를 통해 나오는 얘기가 어느 정도까지 사실이고, 어디부터가 추론인지에 대한 정확한 판단을 하기 위한 근거 자료들을 찾으려고 노력한다. 실제 운영 중인 공장이나 유통 과정의 대략적인 움직임을 살펴보면 그 사업에 대한 실체를 어느 정도 파악할 수 있고, 이렇게 직접 확인한 정보들은 자신의 투자 판단에 가장 큰 영향을 미치게 된다.

부동산과 주식투자에 있어서는 이렇듯 투자의 주체가 바로 투자자 자신인데, 유독 채권에 있어서는 투자의 주체가 되어야 할 투자자가 소극적인 자세로 바뀌어 다른 사람들의 투자 의견에 따르려고만 하는 것은 이상한 일이다.

증권사의 신규 발행 채권에 대한 단순한 안내 문자만 보고 투자를 결정하거나, 이름만 대면 누구나 아는 기업이 발행했다는 이유만으로 무조건 투자를 하기도 한다. 혹은 누군가의 권유로, 아니면 그냥 좋아보여서 투자한다는 사람들까지 있다. 하지만 채권, 특히 회사채의 경우는 어떤 기업에 투자하느냐에 따라 투자의 성패가 좌지우지됨을 잊어서는 안 된다.

채권투자에 있어 중요한 것은 첫째도 회사의 존속 여부이고, 둘째도 회사의 존속 여부이다. 기업의 디폴트 가능성을 체크하는 것이 가장 중요하다는 얘기다. 따라서 그런 위험을 면하기 위해서는 신용등급과 관련된 보고서들을 봐야겠지만, 직접적인 방문을 통해 실제 모습을 확인하는 기회를 많이 가지는 것이 바람직하다.

물론 개인투자자들이 대기업을 탐방할 기회는 그리 많이 주어지지 않는다. 따라서 개인 한명 한명보다는 '집단'으로 움직이는 형태로 탐방이 이루어져야 한다. 개인투자자, 기관투자자, 채권 애널리스트, 그리고 언론매체 및 금융권 사람들이 집단을 형성해 탐방 일정을 잡는다면 그렇게 어려운 일 또한 아니다. 기업의 입장에서도 투자자를 모집하려고 하는 목적이 있으므로 영향력 있는 단체나 기관의 방문에 적대적이지 않다. 오히려 그런 편의를 제공하는 담당 부서까지 있을 정도이다. '우리 같은 개인투자자들에게 기업이 정보를 공개하겠어?'라는 소심함과 두려움부터 벗어던지는 것이 필요하다.

주식과 채권의 다른 점이라면 주식은 주주의 권한을 갖는 것이고, 채권은 채무자의 권리를 갖는 것이다. 그러나 같은 점은 모두 주인의식을 가지고 투자를 해야 한다는 것이다. 주식투자자야 내가 그 회사의 주인이니 그 회사가 걱정되는 것이 당연하고, 채권투자자는 내가 돈을 빌려준 회사가 돈을 갚을 능력이 없어지면 큰 손해를 입을 것이니 계속 확인하고 관찰해야 하는 것이 당연하다. 그런 면에서 기업탐방은 투자한 회사를 살펴볼 수 있는 아주 좋은 기회인 것이다.

2
신용등급은 반만 믿어라

신용평가회사는 기업의 눈치를 본다

신용등급은 기업의 재무구조 및 성장성 등 여러 가지 항목을 기준으로 매겨진다.

즉 기업의 자산규모, 부채규모, 사업의 영역과 업황, 내재가치 등을 평가해 신용등급이 부여되는 것이다.

그런데 이러한 신용등급을 마치 종교처럼 맹신하는 사람들이 있다. 결론적으로 신용등급은 반만 믿어야 한다. 그 이유는 신용등급을 매기는 신용평가회사에 있다.

신용등급은 공신력을 가진 국가기관이 아닌 일반 기업에서 부여한다. 즉 영리를 위해 존재하는 사기업이 책정한다는 얘기다. 신용평가회사들의 주 수입원은 신용평가를 받는 기업들의 수수료이다. 고객의 신용평가를 하고 있는 셈이다.

　자신들을 먹여 살리는 고객의 신용평가를 하고 있는 회사가 바른 말만 하리라고 믿는 것은 어리석은 일이다. 신용평가회사들이 기업의 눈치를 보는 것은 당연한 일이니, 항상 비판적 시각을 갖고 신용등급을 봐야 한다.

　신용등급에는 또 다른 허점이 있다.

　바로 기업을 가장 객관적으로 평가하는 재무제표와 사업보고서가 실시간으로 공시되지 않기 때문이다. 더구나 경영상 문제가 생긴 기업이라도 가능한 그 사실을 늦게 공개하려는 경향이 있기 때문에 공시를 늦추게 된다.

　또한 신용평가 기간 사이에 발생한 기업의 위험을 반영하지 못 한다는 점도 있다. 신용평가회사가 모든 기업의 상황을 파악해 즉각 반영하기를 기대할 수는 없다. 시간의 갭에서 발생하는 문제인 셈이다. 설령 신용평가회사에 신용등급이 잘못 책정되었다고 재조회를 요청하더라도, 현재의 재무상황은 반영되었으며 미래의 불확실성을 지금 당장 반영할 수 없다고 하면 더 이상 할 말이 없는 것이다.

　그래서 신용등급은 반만 믿으라는 말이다. 나머지 절반은 투자자 자신의 분석과 판단으로 메꿔야 가장 안전한 투자를 할 수 있다.

4개의 신용평가회사 활용하기

국내의 대표적 신용평가회사는 4개사이다.
한국자산평가, 나이스채권평가, KIS채권평가, fn자산평가가 그것인데, 각 회사마다 신용등급을 매기는 기준이 약간씩 다르다. 경우에 따라서는 한 회사의 신용등급이 평가회사에 따라 달라질 수도 있다.

4개 회사 홈페이지에 들어가면 각 채권의 발행 목적이나 앞으로의 계획 등에 대해 나와 있는 보고서도 볼 수 있고, 채권 관련 지표에 대해 위험성이나 가치 등을 계산할 수 있는 프로그램도 이용할 수 있다. 각 회사마다 홈페이지의 구성이 다르고 지원하는 프로그램에 차이가 있으므로 자신이 보기 편한 회사 사이트를 이용하면 된다.

채권평가회사, 더 알아보기

'채권평가회사'란 채권 등 자산의 가격을 평가하고 이를 집합투자기구에 제공하는 업무를 하는 회사로서 금융위원회에 등록된 업체이다. 채권평가회사로 등록되기 위해서는 복잡하고 까다로운 심사과정을 거쳐야 한다.
대통령령으로 정하는 금액 이상의 자기 자본(20억 이상), 상호출자제한기업집단의 출자액이나 대통령령으로 정하는 금융기관의 출자액이 100분의 10 이하여야 한다. 즉 상호 이해관계가 있는 회사가 평가회사를 차릴 수는 없게 되어 있다. 여기에 기준에 달하는 전문인력과 전산설비 등등을 갖추어야 한다. 채권평가회사로 등록하기 위해서는 금융위원회에 신청해야 하는데, 여기서도 복잡하고 까다로운 조건을 명시하고 있고 수차례의 보완작업을 거쳐야 한다. 투자자들에게 좀 더 신뢰감 있는 정보를 제공하기 위한 최소한의 조치라 할 수 있다.

3
절대 투자해서는
안 될 채권

▎돌려막기 채권은 피해가라

어떤 사람이 지금 카드 돌려막기를 하고 있다면 조만간 파산에 이를 것이란 것을 짐작할 수 있다. 처음엔 적은 돈이 부족해 현금서비스를 받지만, 곧 그 이자나 원금을 갚기 위해 카드론을 받고 소액대출을 받게 된다. 남의 돈으로 대출금을 갚고, 더 높은 이자를 지급하고 또 갚고 하다 보면, 이자 부담이 점점 커져 상환을 할 수 없는 포기 상태에 이르게 된다.

채권을 발행하는 회사 역시 그렇다.

채권의 만기가 돌아와 그 금액을 갚기 위해 다시 채권을 발행하는 경우가 상당히 많다.

기업이 영업활동을 해 수익을 내고, 그 수익을 통해 빚을 갚는 것이 당연한 수순인데 다시 또 누군가의 돈을 빌려서 빚을 갚아야 한다면 회사 재무구조가 점점 안 좋아지고 있다고 판단해도 좋다. 원금 상환 능력이 없는 기업이라면 더 높은 이자를 지급해야 돈을 빌릴 수 있을 것이기 때문이다.

이런 상황이 되면 기업은 매달, 혹은 매 분기마다 돌아오는 이자 상환일에 제대로 상환을 할 수 없게 된다. 투자를 할 때 채권 발행의 목적을 정확하게 확인해야 한다는 얘기를 앞서서 여러 번 했다. 그러나 어떤 기업도 빚을 갚기 위해 채권을 발행한다는 얘기를 전면에 내세우지 않는다는 사실을 명심해야 한다.

모든 기업은 채권 발행시 그 목적을 투자자에게 정확하게 공시해야 할 의무가 있으나, 100% 진실되게 그 내용을 공시하는 기업은 드물 것이다. 어떤 기업이 회사채 발행 목적이 설비 투자라고 공시했더라도, 완전히 믿어서는 안 된다. 그 기업의 회사채 만기가 곧 돌아오는지, 경영부실로 인해 자금이 충당되어야 하는지 면밀히 체크해야 한다.

가끔 기업의 신용등급에 비해 훨씬 높은 금리를 제시하며 투자자를 유혹하는 경우가 있는데, 대부분 재무구조에 어려움을 겪고 있는 기업들이다. 물론 그룹에 묶여 있는 대기업들의 부도 리스크가 큰 것은 아니지만, 가능성이 전혀 없는 것도 아님을 명심해야 한다.

특히 상환순위에서 밀리는 후순위채의 경우는 더욱 각별한 주의가 필요하다.

부채비율 1 이상인 회사는 쳐다보지도 마라

채권을 발행하는 사유 중 가장 흔한 것이 '설비투자'일 것이다.

그러나 설비투자라고 해서 모두 긍정적으로 평가해서는 안 된다. 우선 전체 기업 규모에서 설비투자를 위해 자금을 얼마나 빌리려고 하는지를 따져봐야 하는데, 그 기준이 있다.

바로 부채비율 1 이하이다.

부채비율 1이란 자산과 부채가 동등하다는 의미이다. 그러므로 1 이상이란 자산보다 부채가 많다는 것이고, 1 이하란 자산이 더 많다는 것이다. 이것만 지켜도 채권 리스크는 상당히 줄일 수 있다.

안전한 채권투자를 위해 지켜야 할 또 하나의 조건이 있는데, 채권 발행 규모가 전체 자산의 10% 이내여야 한다는 것이다. 그 이상이 되면 이자 지급에 대한 부담감은 물론, 만기 상환시 회사 사정에 따라 큰 부담이 될 수 있는 금액이기 때문이다.

만약 설비투자 목적으로 채권을 발행한 회사라면, 모집한 자금은 얼마이며 어느 정도의 기간에 회수가 가능한지 회사가 합리적으로 책정하고 있는지 따져봐야 한다.

공장 설비 투자를 예로 들어보자. 기존의 판매유통망과 생산시스템 등이 완비되어 있는 상태에서 설비를 증설했다면, 투자금 회수 기간을 1년 전후로 잡는 것이 좋다.

기업이 새로운 사업을 위해 채권을 발행하는 경우도 많다. 아무래도 경쟁이 심화되고 기존 사업만으로는 수익성을 창출하기 어려울 때 새로운 사업을 찾으려는 시도를 하게 된다. 신규사업과 관련된 생산망이나 유통, 판매 네트워크는 완전하게 구축되기 위해 긴 시간이 필요하므로 투자금 회수 기간을 3년 전후로 잡는 것이 합리적이다.

공장 설비 증설을 위해 채권을 발행하면서, 투자금 회수 기간을 5년으로 잡고 있다면 돈의 쓰임새에 대해 의문을 품어봐야 한다. 혹은 그 공장 설비로 인해 수익성이 올라갈 것이라는 전망이 매우 불투명하다는 증거일 수도 있다.

신규사업을 위해 채권 발행시, 투자자를 모으기 위해 단기 채권을 발행하는 경우가 많은데 이는 사업의 수익이 제대로 나지 않은 상태에서 투자금 반환이 이루어져야 하므로 위험한 상황이 연출될 우려가 있다. 물론 다른 사업에서 나오는 수익금으로 신규사업 목적으로 발행한 채권의 자금을 상환할 수도 있다. 하지만 가장 이상적인 것은 그 채권 발행을 통해 얻은 수익금으로 해당 채권을 상환하는 것이다.

채권투자에 있어서도 결자해지라는 얘기는 유효하다.

4
불황에도 호황에도 돈 버는 투자법

| 채권에도 대세 상승기, 대세 하락기가 있다

주식투자자들이 입에 달고 사는 말이 대세 상승, 대세 하락이다.

대세 상승기에 주식투자를 하면 돈을 벌 확률이 높지만, 대세 하락기에는 아무리 신출귀몰한 기법을 구사하더라도 고전을 면치 못 한다는 경험에서 우러나온 말일 것이다. 그래서 주식투자자들은 상승기인지 하락기인지, 그 답을 찾기 위해 엄청나게 노력을 기울인다. 그런데 채권에도 분명 이런 흐름과 추세라는 것이 있는데, 채권투자자들은 그런 흐름을 파악하려는 노력을 전혀 하지 않는다. 채권투자 역시 그 시대에 맞춰, 혹은 시대 흐름을 조금 빨리 예측해 한발 앞선 투자를 해야지 성공할 확률이 높아짐은 불문가지이다.

그렇다면 채권에 있어 대세 상승기, 즉 강세장은 어떻게 이해해야 할까?

채권은 금리와 밀접하게 연결되어 있다는 점을 떠올려 보자. 더구나 매매차익을 노리는 투자자라면 더욱 그러한 상황에 민감하게 대응해야 한다. 금리 상승기에 접어든 상황이라면 매매차익을 노릴 가능성이 희박하므로 대세 하락기라 볼 수 있다. 반대로 금리 인하 기조에 있다면 채권의 대세 상승기라 판단하게 될 것이다.

매매차익보다는 만기 홀딩 전략을 구사하겠다는 투자자라 할지라도 대세의 흐름에 영향을 받게 된다. 금리 인하가 계속 이루어지는 대세 상승기라면 앞으로 발행되는 기업들의 채권 금리가 높아질 수 있으므로, 지금 당장의 이자 수익률보다 높은 수익률을 얻을 수 있다는 것이다. 금리 인상이 되고 있는 대세 하락기라면 앞으로는 현재의 이자율보다 낮게 발행될 것이란 예측을 할 수 있다.

그러므로 채권 대세 상승기엔 조금 더 시간을 두고 투자하는 것이 오히려 수익성을 높일 수 있기 때문에, 굳이 급하게 자금 운용을 하지 않아야 한다. 반대의 경우는 최대한 빨리 채권에 투자해 수익률을 높이는 전략을 취하는 것이 필요하다. 채권투자 역시 흐름과 추세를 읽어야 성공할 수 있다는 것을 명심해야 한다.

테마 따라가지 말고, 친구 따라가지 말라

채권시장에는 수많은 채권이 존재한다.

채권의 종류가 다양한 만큼 투자하는 패턴도 다양하다. 투자하는 패턴 중에서 특정한 시기에 특정한 형태를 띄는 것을 '테마'라고 한다. 주식에 테마주가 있듯 채권에도 테마 채권이 있는 것이다.

테마라는 단어는 약간의 부정적인 감정을 동반한다. 시장에서 관심도가 급증하고 기대감이 증폭되면서 묻지마 형식으로 투자가 진행되는 경우가 많기 때문이다. 시장에 '어떤 채권을 사면 대박이다더라, 어떤 채권을 사면 초고수익을 얻는다더라'와 같은 광풍이 몰아치면 누구라도 혹하는 것이 인지상정일 것이다.

유명한 전문가가 추천해주었다든가, 지인이 권해주었다는 이유로 투자에 동참해서는 안 된다. 이렇게 군중심리에 휩싸여 부화뇌동 투자를 하면 필시 후회하는 일이 생기게 된다. 그런 정보가 시장에 범람할 때 즈음엔 그것이 정보로서의 가치를 잃은 시점이기 때문이다. 이른바 상투를 잡게 되는 것이다. 투자자에 중요한 것은 이러한 루머성 정보가 아니라 시장의 흐름과 경제상황을 정확하게 보는 안목과 냉철한 마인드다.

채권을 채권으로서가 아니라 거시경제의 일환으로서 보는 자세는 아주 중요하다. 글로벌 경제 사이클을 잘 읽으면 모두가 돈을 잃을 때 홀로 돈 버는 투자를 할 수 있다.

불황기의 채권투자전략 : 미국 국채

지난 몇 년간 글로벌 경제는 깊은 불황의 늪에 빠져 있다. 선진국들은 유동성을 늘려 경제를 활성화시키기 위해 윤전기를 돌리느라 바쁘고, 개발도상국들은 선진국들의 틈바구니에서 살아남기 위해 갖은 애를 쓰고 있다. 이러한 상황에서 채권투자로 성공하기 위해서는 어떻게 해야 할까?

우선 위험자산과 안전자산의 관계에서 채권을 이해하는 것이 필요하다. 대표적인 위험자산은 주식이고, 안전자산은 채권이며 이들이 금융시장의 두 축을 담당하고 있다.

'경제가 불안하다. 글로벌 성장률이 둔화되고 있다. 금융시스템 붕괴 우려가 있다.'

이러한 얘기가 뉴스에 나오고 실물경제에까지 타격이 올 것이 예상된다면 대부분의 투자자들은 위험자산에서 발을 빼게 된다. 높은 수익을 노리고 투자했다가 오히려 원금 손실을 입을 가능성이 커지는 시기이기 때문이다.

하지만 이런 상황이 채권투자자에게는 기회가 된다. 주식에 투자한 사람들이 투자금을 미처 회수하지 못 하고 두려움에 떨고 있을 때, 채권투자자들은 두 다리를 쭉 뻗고 잘 수 있다는 얘기다. 원금을 지키는 것은 물론이며 거기에다 수익까지 낼 수 있으므로, 주식투자자 대비 높은 수익을 올릴 수 있는 것이다.

2012년 중반으로 시계를 되돌려 보자.

그리스를 비롯한 유럽 국가들의 재정위기 우려감과 글로벌 성장동

력인 중국의 경기 둔화 움직임 등 뉴스는 연일 경기 불안에 대한 내용을 보도하고 있었다. 그런데 그 와중에 미국 국채가 사상최고가를 경신했다는 뉴스가 나왔다. 미국의 경제 위기에 대해 모두들 한목소리로 우려하고 있는데, 왜 미국 국채의 가치는 높아지고 있을까? 언뜻 이해하기 어려운 상황이 벌어진 것이다.

이 상황을 이해하기 위해서는 투자자들의 마음을 읽어야 할 것이다. 어디에 투자해도 안심할 수 없다고 여기는 투자자들은 금리가 비록 낮더라도 원금 손실의 우려가 없는 가장 안전한 곳에 투자하기를 원한다.

즉 투자자들은 '미국 국채가 그래도 제일 안전하다'고 판단한 것이다.

그리스가 금리가 아주 높은 국채를 발행한다 할지라도 거기에는 투자하지 않겠다는 심리다.

그 저변에는 미국이라는 나라가 갖고 있는 저력이 있다.

미국은 달러를 찍어내는 기축통화국이자, 글로벌 경제를 이끌어가는 넘버원 국가이다. 넘버원이 망해서 빚을 못 갚게 되는 상황은 아무리 생각해도 비행기 사고로 죽을 확률보다 낮을 것 같다. 미국이 망한다면, 살아남을 국가는 하나도 없을 것이다. 미국 국채에 대한 투자자의 쏠림현상은 이렇게 설명된다.

비슷한 사례로 잃어버린 10년이라는 장기불황을 겪고 있는 일본의 국채가 강세를 보이고, 독일의 국채 시장이 유럽의 경제 위기 속에서 홀로 강세 흐름을 보인다는 점도 위의 미국 사례와 같은 맥락에서 설명될 수 있다.

위와 같은 배경을 토대로 불황기의 투자전략을 세워보자.

불황이든 호황이든 위험자산인 주식에만 올인하는 화끈한 투자도 방법이지만, 불황기일 때는 원금 손실을 볼 우려가 훨씬 더 커진다. 다시 경기가 좋아졌을 때, 다시 한 번 재기를 노려볼 수 있는 기회가 원천봉쇄된다. 경제 여건에 대한 우려감이 점점 커지는 상황에서 '언젠가 오르겠지'라는 무대포 투자는 바람직하지 않다. 더구나 주식을 보유하고 있다는 것 자체가 엄청난 스트레스 상황이 된다.

이럴 때는 원금을 지키고 수익까지 내는 투자전략으로 경제가 좋아졌을 때 제대로 된 베팅을 할 수 있는 채권투자가 정답이다. 파도의 흐름을 따라가듯 글로벌 경기의 흐름을 타면서 투자수익률을 극대화하는 선진국 국채 투자를 권해줄 만하다.

호황기의 채권투자전략 : 브라질 국채

경기가 좋아지고, 경제성장률이 치솟고, 소비가 왕성해지는 시기가 왔다.

물론 이러한 시기에는 위험자산인 주식투자가 대안이 될 수 있다. 하지만 호황기라고 모든 주식투자자들이 돈을 버는 것은 아니다. 주식은 경기뿐만 아니라 수많은 변수들이 얽혀 있는 변동성의 총합이다. 경기 지표 하나만 보고 주식시장에 올인하는 것은 바람직하지 않다.

그렇다면 호황기일 때의 특별한 채권투자전략이 있을까?

물론 있다. 이머징마켓이나 하이일드 채권투자가 바로 그것이다. 경제가 좋아지면 선진국 시장보다는 상대적으로 신흥국가들의 발전 속도가 한층 빨라질 것이다. 신흥국가들의 경제성장률이 높아진다는 것은 그들 국가의 금리가 높게 형성이 된다는 의미다. 이머징마켓 국채의 수익률은 선진국 국채와는 비교가 안 될 정도로 높게 형성된다는 점에 착안해 투자해야 된다.

채권에 조금이라도 관심을 가진 사람이라면 브라질 채권에 대해 들어봤을 것이다.

브라질 채권의 최고 매력은 어쨌든 이자율이다. 2012년도 4분기 초반 브라질 국채의 표면금리는 무려 10%에 육박했다. 물론 브라질이 계속적으로 성장을 이어나갈 수 있을지, 환율 변동에 따른 환손실이 발생하지 않을지, 물가안정 정책이 나오지 않을지에 대한 다양한 우려가 있었지만, 고금리의 매력은 거부하기 힘들 만큼 강했다.

모든 자금을 브라질 국채에 투자하는 것이 아니고, 분산투자를 한다는 전제 하에서 브라질 국채를 포트폴리오에 편입할 것을 고려해 보는 것이 좋다. 경기 침체 분위기 일색이었던 2012년 상황에서의 금리가 그 정도였으므로, 경기 호전 움직임이 보인다면 더 큰 수익을 기대할 수 있을 것이다. 투자자 입장에서는 고금리를 받고, 시세차익까지 노릴 수 있는 이른바 대박투자의 길도 가능한 것이다. 더구나 한국과 브라질의 조세협약이 체결됨에 따라 절세 혜택까지 누릴 수 있게 되어 금상첨화라 할 수 있다.

이처럼 경제의 큰 흐름을 잘 읽고 투자하면 채권으로도 얼마든지 고수익을 창출할 수 있다. 무조건 주식만 고집하는 무모한 투자에서 벗어나 안정성과 수익성을 다 잡을 수 있는 채권투자를 생각해 볼 때다.

대한민국 국채에 투자하기 전에 꼭 알아야 할 것

이제까지 선진국과 신흥국의 채권시장을 살펴보았다. 지금부터 대한민국 채권에 대해서 살펴보자. 앞서 채권은 안전자산이라고 말했다. 그런데 채권이라고 해서 모두 안전자산이라고 할 수는 없다. 선진국 채권은 분명히 안전자산이지만, 신흥국의 채권은 상대적으로 덜 안전한 자산이다.

G20 의장국이며 OECD 회원국인 대한민국 채권이야 당연히 안전자산이라고 생각하는 투자자들도 있겠지만, 여기서 우리의 생각은 별로 중요하지 않다. 글로벌 경제를 이끄는 주체들과 투자자들이 어떻게 생각하느냐가 기준이 되기 때문이다.

결론적으로 얘기하자면 대한민국 국채는 글로벌 기준에서 위험자산으로 분류된다.

경제가 안 좋아지면 우리나라도 상대적으로 회사채보다는 국채 수요가 늘어난다. 그러나 이런 국내적인 돈의 흐름보다는 거시적인 경제 흐름이 더 중요하다는 얘기를 이미 한 바 있다. 경기가 불안해 외국 투자자들이 우리나라에서 자금을 회수한다면, 국내 국채 시장 역시 매도 우위가 되어 가격이 떨어진다는 것이다. 국내 투자자들의 돈이 아무리 국채에 몰린다고 한들, 이러한 전체적인 흐름을 막을 수는 없다. 우리나라 국채에 투자할 때는 국내 상황만 보면 오류가 생긴다. 반드시 글로벌 시장 전체와 글로벌 투자자의 눈높이에서 투자를 결정해야 할 것이다.

다른 관점에서 설명해 보겠다. 경제가 안 좋으면 정부는 유동성을 높이기 위해 금리 인하를 단행할 것이고, 국채 가격이 상승할 것이라는 판단은 상식이고 이론이다. 그러나 외국 자본의 유출 움직임이 심상치 않으므로 국채 가격이 하락할 것이라는 판단은 현실이다. 국내 채권 투자에 있어서는 투자이론보다는 현실적 변수들이 더 많이 작용하게 된다는 점을 명심해야 된다는 얘기다.

5
채권에 영향을 주는 경제지표

물가지수를 주목하라

채권은 누가 뭐래도 금리 상품이다.

똑같은 채권이 금리에 따라 좋은 채권이 될 수도 있고 나쁜 채권이 될 수도 있다. 기준금리에 따라 채권의 가치가 완전히 달라진다는 의미이다. 채권과 금리의 관계에 대해서 모르는 사람은 없지만, 정작 그 금리가 어떤 변수에 의해 영향을 받는지 깊이 생각하지는 않는다. 지금부터 금리에 영향을 주는 지표들에 대해서 알아보도록 하자.

금리에 직격탄을 날리는 것이 바로 물가와 경제정책이다.

이 2가지 지표에 따라 한국은행은 기준금리를 인상하거나 인하하게 된다. 보편적인 경우, 물가가 가파르게 상승한다면 한국은행은 물가를 안정시키기 위해 금리를 인상할 것이다. 물가가 상승한다는 것을 달리 표현하면 시중에 돈이 너무 많이 풀렸으므로 금리 인상을 통해 시중 자금을 흡수하려는 것이다. 이렇게 금리가 인상되면 채권가격은 하락하게 되므로 채권투자자들의 주의가 필요한 시점이다.

하지만 위기는 기회가 될 수도 있는 법이다. 금리 인상이 예상된다면 만기홀딩 전략 하에서 고금리 채권에 투자해 높은 이자를 받을 수 있는 기회가 되기 때문이다. 금리 인상 시기라고 무조건 움츠릴 것이 아니라 그 시기에 맞는 투자전략을 구사해야 한다.

조금 다른 경우를 생각해 보자.

물가는 올라가는데 경제상황은 오히려 나빠지고 있다. 만약 이런 상황이라면 무조건적으로 금리가 인상될 것이라고 속단하면 안 된다. 한국은행의 최우선 과제는 물가안정이지만, 글로벌 경제상황을 고려해 통화정책을 펼치기 때문에 경제상황이 안 좋은 상황에서 섣불리 금리 인상을 하기는 어렵다. 시중 자금을 회수했다가 기업투자와 고용이 줄어들고, 가계의 돈이 돌지 않는 등 악영향의 패턴이 나올 수 있기 때문이다.

또한 선진국의 통화정책이 자국 통화에 대한 약세 흐름으로 이어지고 있는데, 국내 통화정책만 별도로 간다는 것은 우리나라 기업들의 경쟁력을 약화시키는 일이므로 상당히 조심스럽게 정책을 조율하게 된다.

단순히 경제논리가 아닌 정치논리가 개입되는 경우도 있다. 정권이 새로 바뀌어 새로운 정책이 나온다면 통화정책은 거기에 맞춰 변화되기 때문이다. 최근 선진국을 중심으로 금리 변동에 있어 경제 흐름보다 정책적 부분이 우선되는 경향이 뚜렷하다는 점을 명심해야 한다.

환율이 금리를 춤추게 한다

앞에서 금리에 영향을 주는 지표가 물가와 정책이라고 했다. 그런데 물가와 정책을 좌지우지하는 주인공이 바로 환율이다. 환율이란 자국 통화와 다른 국가 통화의 가치 차이를 말한다. 우리에게 중요한 것은 원달러 환율과 원엔 환율이다. 특히 금융시장은 원달러 환율에 의해 움직이므로 예의주시해야 한다. 만약 원달러 환율이 오른다면 달러의 가치가 높아지고 원화 가치가 떨어진다는 얘기다. 원화 약세다. 반대로 원달러 환율이 떨어진다면 원화 강세가 된다.

원화 강세 기조일 때 채권투자의 방향에 대해 알아보자.

환율이라는 것이 금융시장의 투기 자금으로 인해 급등과 급락을 하는 경우도 있지만, 길게 보았을 때 환율은 자국의 펀드멘탈을 반영하는 지표가 틀림없다. 그러므로 원화 강세일 경우는 선진국에 대비해 우리나라의 펀드멘탈과 경쟁력이 강하다는 의미로 해석되므로, 통화정책에 있어서도 금리인상의 효과가 나타난다. 금리인상도 결국은 자국의 통화가치를 높이는 행위이기 때문이다.

정리하자면 환율 하락은 금리인상을 하지 않고 금리인상의 효과를 보는 것이다. 한국은행의 입장에서는 금리인상이 아닌 금리인하 카드를 들고 나올 가능성이 높아지는 것이다. 그만큼 한국의 국채나 기업의 자산건전성에 자신이 있다는 의미로 보면 된다.

이럴 경우 국채보다는 회사채 중심으로 투자하는 것을 고려해봐야 한다. 채권 중에서도 상대적으로 위험요소가 있는 CP 등에 투자하는 공격적인 투자자세가 유리하다.

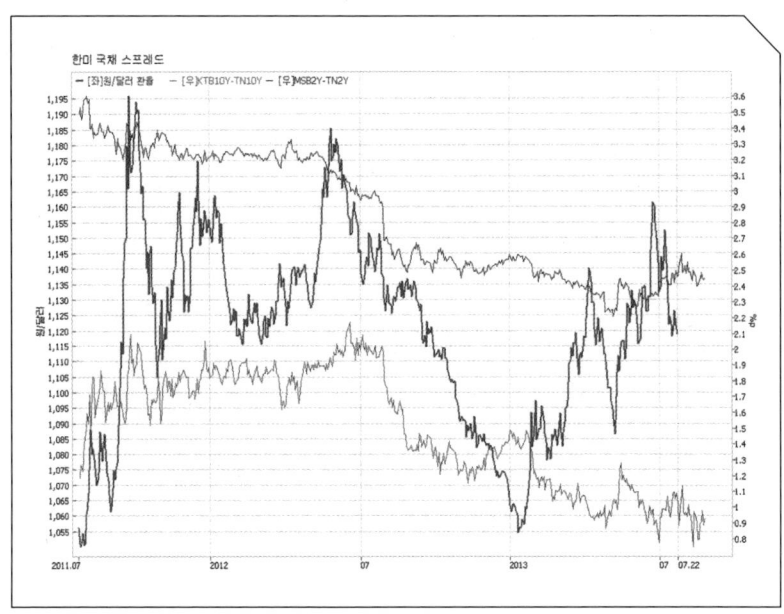

■ 한미 국채 스프레드

이번엔 원화 약세일 경우를 살펴보자.

위의 상황과 완전히 정반대일 상황이 벌어질까? 그러나 여기에 복병이 있다.

환율이 올라가게 되면 수입 원자재의 가격이 올라가 결국 물가가 상승하는 상황이 벌어진다. 금리인상이 자연스러운 상황이지만, 거꾸로 금리인하를 할 수도 있음을 알아두어야 한다. 환손실를 입은 외국인 투자자금이 이탈하게 되어 금융시장의 불안감이 커진다면 금융안정화 대책이 나올 것이고, 여기 따라 환율은 또 요동을 치게 된다. 환율 하나가 아니라 국내외적 경제 상황과 그에 따른 변화를 예측하고 체크하는 전략이 필요하다.

채권에 영향을 주는 경제지표를 주시한다고 해도 언제 어떠한 돌발 변수가 튀어나올지는 아무도 모른다. 일상적인 변수를 기본으로, 돌발 변수를 추가로 확인하면서 채권투자전략을 재수정해 나가면 된다.

가장 민감한 경제지표, 주가지수

주식과 채권은 반대로 움직일까?

하나가 올라가면 하나가 내려가는 천칭의 양쪽에 주식과 채권이 놓인 것으로 생각하는 투자자들이 의외로 많다. 물론 그런 면이 없지는 않지만, 관점을 좀 넓혀보면 채권의 선행지표로서 주가지수를 보는 것이 타당하다는 생각을 하게 된다.

외국인이 한국시장에 대해 투자를 늘릴 때, 주식시장과 채권시장에는 똑같이 돈이 들어와 동반상승 흐름을 보인다. 돈이 빠져나갈 때도 양쪽 시장에서 동시에 썰물처럼 빠져나간다. 어떤 회사가 원활하게 성장세를 이어나가야 돈이 되는 주식이나, 그 회사가 망하지 않아야 돈을 벌 수 있는 채권이나 기본 개념에서는 동일하기 때문이다.

주가지수란 현재를 반영하는 것이 아니라 미래를 반영하는 선행지표이다. 현재 경기가 좋지 않은데도 코스피 지수가 계속 오른다면 앞으로 우리나라의 경기가 좋아질 것이란 긍정적 예측을 반영하는 것이다. 한 기업의 주가 역시 마찬가지다. 재무구조가 좋지 않은데도 연일 급등세를 보이는 주식이 있고, 장사를 잘 하고 이윤을 많이 남기는 기업인데도 하락세를 면치 못 하는 주식이 있다. 주가가 미래의 가치를 한 스텝 미리 반영하기 때문이다.

지금 당장은 사정이 안 좋아도 회사의 성장성이나 재무구조가 개선될 여지가 있다면 주가는 오르게 된다. 물론 어떤 이슈에 의한 테마주가 되어 급등락을 보이는 경우도 있지만 길게 보았을 때 주가는 미래가치의 반영이라는 점을 의심할 여지가 없다.

이런 관점에서 채권의 발행사가 상장회사라면 그 기업의 주가 패턴을 면밀히 관찰하는 것이 필요하다. 대세 하락의 패턴으로 하염없이 빠지는 상황이라면 그 기업에 문제가 있을 확률이 상당히 높다. 만약 급등을 보였다고 하더라도, 그 종목에 대한 이슈가 아니라 업종 전체의 호재성 재료에 의해 덩달아 오른 것이 아닌지, 즉 테마성 재료에 의해 오른 것이 아닌지 파악해야 한다.

최근에 문제가 되었던 여러 그룹들의 주가를 보면 대부분 대세 하락의 패턴을 그리고 있었음을 알 수 있다. 그러한 그룹들이 재무구조 개선을 위해 자회사 매각 등 자구책을 발표하는 시점에서 주가를 보면, 이미 바닥에서 어느 정도 반등해 있는 경우가 많다. 즉 뉴스에 미처 나오지 않은 내용이 주가에는 이미 반영되었다는 반증이다. 제 아무리 공시시스템이 잘 되어 있다 해도, 어떤 회사의 중요한 정보가 곧바로 투자자에게 알려질 수는 없다. 처음에는 일부 제한된 사람들만 정보를 공유하게 될 것이다.

주식 격언 중에 '오르는 주식은 오를 이유가 있고, 내리는 주식은 내리는 이유가 있다'란 말이 있다. 이미 정보를 알고 있는 사람들이 움직였다는 의미이다.

  물론 세계적 금융위기나, 우리나라의 특수한 상황에 의한 북한발 위기 등의 이유로 주식시장 자체가 급락하는 경우도 있기 때문에 전체 주식시장의 맥락 속에서 개별 주가를 파악할 필요가 있다. 전체 시장 대비 유난히 많이 빠지거나, 시장은 상승중인데 주가는 하락세라면 해당 채권에 대한 위험성을 신용등급 이하로 낮게 잡아 리스크를 관리해야 할 것이다.

6
채권투자의 돌발 악재

| 수익률을 까먹는, 인플레이션 & 환율 위험

인플레이션은 실질적인 수익률을 마이너스로 만들 수 있는 엄청난 위험요소이다.

표면이자율이 5%인 채권에 투자했는데, 만기 때까지의 인플레이션이 7%라면 원금손실에 해당된다. 만기시 이율이 고정되어 있는 채권에 투자한다는 것은 언제든지 이런 위험을 내포하고 있다. 특히 만기가 긴 채권일수록 이런 위험은 더 커진다. 앞으로 급격한 인플레이션이 예상된다면 변동금리부채권이나 물가연동국채에 투자하는 전략을 구사해야 한다.

외화 표시 채권에 투자할 경우 환율에 따라 위와 유사한 상황이 벌어질 수 있다.

만약 환율이 떨어져 원화 가치가 외화보다 높아진다면 외화 표시 채권의 수익률이 떨어질 것이다. 반대로 환율이 올라가 원화 가치가 떨어진다면, 수익률이 올라가는 효과를 볼 수 있다. 외국인이 우리나라 채권에 투자할 때도 환율에 있어서는 같은 입장이 된다.

만기가 보장되지 않는 수의상환 위험

'수의상환권'이란 채권의 만기 전에 채무자가 정해진 조건에 의해 채무관계를 청산할 수 있는 권리이다. 채권자 입장에서는 만기 때의 금리도 못 받고 중도에 상환되니 투자계획에도 차질이 생기게 되는 불이익을 받게 되므로, 수의상환권이 붙은 채권은 일반 채권보다 금리가 높다. 이러한 금리 차이를 수의상환 프리미엄이라고 한다.

A기업이 수의상환권이 부여된 채권을 발행했고, B라는 채권자가 이 채권을 매수했다고 가정해보자. 이러한 상황에서 시장금리가 하락한다면 A기업은 B에게 수의상환권을 행사하고, 더 낮은 금리로 새로운 채권을 발행하려 할 것이다.

기업들이 이렇게 수의상환권이 붙은 채권을 발행하는 이유는 금리 변동성을 관리하기 위함이다. 채권자의 입장에서는 수의상환 프리미엄이 있으므로 투자의 매력은 있다고 할 수 있다. 위험은 크지만 그만큼 일반 채권보다 높은 금리를 받을 수 있기 때문이다.

어떤 기업도 피해갈 수 없는
사업 실패의 위험

기업이 야심차게 계획했던 사업이 졸지에 무산되거나, 거래처간 협약이 깨지면서 자금 흐름이 경색되고 경영상황이 악화되는 경우가 발생한다. 이러한 위험을 사전에 방지하기 위해서는 투자를 하기 전에 채권의 발행 목적이 무엇인지 알아보는 습관을 들여야 한다.

무리하게 사업확장을 하려고 한다거나, 지금까지와는 완전히 다른 신사업에 뛰어들려고 한다고 판단했다면 투자를 심각하게 재고해야 한다. 주식시장에서는 새로운 사업에 진출한다는 것 자체가 호재로 여겨져 주가상승의 신호탄이 되지만 채권은 좀 다르다. 채권투자자의 입장에서는 지금 하고 있는 사업만 잘 영위해도 이익구조에 문제가 없는데, 굳이 부담을 안고 신사업에 뛰어들 필요가 없다는 것이다.

과거 한 건설업체가 민간 철도사업이나 화력발전소 등에 무리한 사업확장을 추진해 기업경영이 위태롭게 된 사례가 있다. 특히 건설업종의 경우 아파트를 다 지어서 분양을 하였는데, 부동산 경기 침체로 대규모 미분양 사태가 난다면 사업 실패의 위험은 곧바로 현실이 될 것이다. 부동산이나 선박과 같이 먼 미래에 수익금이 들어오는 구조를 가진 업종에 투자할 때는 더욱더 신중해야 한다.

회사를 이끄는 대주주나 CEO에 의해 악재가 발생할 수도 있다.

아무리 탄탄한 기업 구조를 갖고 있고, 많은 직원을 거느리고 있다고 할지라도 수장이 흔들리면 기업은 순식간에 위태로워진다. 최고

경영자의 잘못된 미래 예측이 어떤 결과를 가져왔는지 예를 들어보겠다.

A그룹은 국내 계열사들의 재무구조가 계속적으로 나빠지고 있는 상황이다.

유럽에서 수익을 내고 있는 자회사를 매각해 국내 계열사의 재무구조 악화를 막아야 할 상황인데, 유럽의 자회사 주가가 계속 올라가고 있어 결단을 내리지 못 하고 있었다. 시간을 끌다 보니 결국 국내 계열사의 부실 정도는 더 커지고, 유럽 자회사는 주가 급락으로 그룹 전체가 부도 위험에 빠지게 된 것이다.

최근 몇몇 법정관리 신청 기업들 중에는 투자자보다 개인의 이익만을 먼저 챙기느라 투자자들에게 막대한 피해를 안겨준 사례도 있다. 기업 자체의 객관적 가치도 중요하겠지만 경영자의 인품이나 경영 마인드도 중요하게 봐야 할 이유가 그것이다.

채권투자자로서는 욕심을 부리고 무리하게 사업확장을 하는 도전적인 경영자보다는 돌다리도 두드려 보고 건너는 보수적인 경영자가 더 안심이 될 것이다. 건설업종 전체가 불안정한 시장으로 분류되지만, 계룡건설이나 한신공영 같은 기업들의 채권은 시장에서 선호되는 이유가 이런 경영 마인드를 가진 CEO를 가지고 있기 때문이다.

위험한 불씨, 노사분규 위험

멀쩡한 회사가 갑자기 위기에 몰릴 수 있는 또 하나의

중요한 팩트가 노사분쟁이다.

　노사 갈등이 없는 회사가 어디 있겠냐며 이 문제를 대수롭지 않게 생각할 수도 있지만, 전통적으로 노사관계가 좋지 않고 갈등이 끊이지 않는 기업이라면 피해야 할 투자대상이다. 크고 작은 파업은 회사 경영에 돌발적인 위기를 불러올 수 있기 때문이다.

　우리가 잘 알고 있는 굴지의 A중공업이 대표적 사례다.

　노사분규 갈등이 갈수록 심해지고 임금협상이 원활하게 진행되지 않자, A중공업의 공장이 가동중지되는 사태에 이르렀다. 공장이 멈추자 납품 물량을 채우지 못해 거래처와 갈등이 일어나고, 노사분규에 대한 뉴스가 연일 매스컴에 오르내리자 주가가 곤두박질치게 되었다.

　회사 측은 국내 노조 문제에서 벗어나고자 동남아시아에 현지 공장을 설립했는데, 품질관리가 제대로 되지 못해 거래처에 납품 불가 판정을 받게 되었다. 동남아시아 지역에 땅을 매입하고 공장을 짓느라 막대한 비용을 지불했는데, 결과적으로 엄청난 손실만 입게 된 것이다. 노사분규로 인한 파업 장기화로 결국 폐업에 이른 자동차 회사의 사례도 있다.

　아무리 좋은 제품을 가진 회사, 아무리 좋은 아이디어를 보유한 회사라도 일하지 않는 직원과 돌아가지 않는 공장 앞에서는 별 도리가 없다. 그런 회사는 살아있는 회사가 아니라 죽은 회사라 할 수 있다. 채권에 투자하면서 해당 기업의 노사분쟁 상황까지 체크해야 하는 이유가 바로 여기에 있다.

7
부자를 예약하는
채권·주식 포트폴리오

'백전백승'보다 '백전무패'를 위하여!

주식에만 투자하는 사람, 채권에만 투자하는 사람, 이 둘을 오가며 투자하는 사람들이 있다. 하지만 리스크를 컨트롤하면서 안정적인 수익을 내기 위해서는 이 둘을 절묘하게 조합하는 포트폴리오 전략이 필요하다.

그래서 많은 이들이 주식과 채권의 비중을 어떻게 해야 할지 고민한다.

이는 개인투자자뿐만 아니라 전문투자자들에게도 어려운 고민이다. 하지만 답이 없는 것은 아니다. '안정성을 기반으로 위험성의 레버리지를 이용하라'는 투자 교과서의 의미를 살펴보며 여기에 대한 답을 찾아보자.

모든 일에는 확률이라는 것이 존재한다. 당신이 프로야구 선수라면 3할 이상의 타율만 유지해도 좋은 타자라고 칭송받는다. 5할 이상의 승률을 가진 팀은 가을 야구에 참여할 자격이 주어지고, 6할의 승률을 가진 팀이라면 우승의 권좌에 앉게 된다. 오랜 시간 동안 3할이나 5할, 6할의 승률을 보유한다는 것은 결코 쉬운 일이 아니다.

그런데 투자의 세계에서도 그럴까?

아쉽게도 투자의 세계에서는 5할도, 6할도, 심지어 9할도 실패라고 볼 수 있다. 예를 들어 10번 투자해서 9번을 성공한 9할의 투자자가 있다고 하자. 그런데 마지막 한 번의 투자에서 실패했다면 아마 다시는 타석에 들어가지 못 할 재기불능의 상처를 입게 될 수도 있다. 야구선수의 타율처럼 서서히 무너지는 것이 아니라 단 한 번에 나락으로 떨어진다. 이것은 다 욕심과 집착 때문이다.

1천만 원으로 1억을 번 사람이라면 한결같이 이렇게 생각한다. 1억이 있었더라면 10억을 벌었을 것이라고. 돈을 빌려서 점점 투자규모를 늘리게 되고, 욕심에 눈이 어두워져 자칫 실수를 하게 된다. 그리고 그 결과는 참담하다.

투자에 있어서는 '백전백승'보다 '백전무패'가 훨씬 중요하다. 어쩌면 수익을 내는 것보다 잃지 않는 전략이 더 필요할지 모른다. 앞서 얘기한 안정성을 기반으로 위험성의 레버리지를 이용하라는 말이 바로 그것이다.

주식 비중은 50%를 넘기지 말라

이제 본격적으로 주식과 채권의 비중에 대한 답을 알아보도록 하자.

결론적으로 얘기하자면 당신이 어떤 상황이든, 어떤 투자목표를 갖고 있든, 어떤 연령대든 주식 비중이 전체 자산의 50%를 넘는 일은 없어야 한다.

많은 이들이 젊었을 때는 주식을 비롯한 공격적인 투자에 나서야 한다고 말한다. 설사 돈을 잃더라도 새로운 시작을 할 수 있고, 종잣돈을 마련할 기회는 많기 때문이라는 이유다. 하지만 잘 생각해 보자. 공격적 투자라 함은 엄청난 내공과 정보, 노하우가 합쳐져야 성공할 확률이 높아진다.

우리는 로또가 아니라 투자를 하는 것이다. 성공을 위해서는 운도 어느 정도 작용하겠지만, 그보다는 철저한 분석과 계산이 성공확률을 높여줌을 명심해야 한다. 젊은 시절 공격적인 투자를 통해 부자가 될 기회를 잡는다는 것은 궤변일 뿐이다. 돈을 날려도 좋으니까 무모하게 베팅하는 것밖에 안 된다.

젊은 시절에는 돈을 잃어도 새로운 기회를 찾으면 된다고 하지만, 종잣돈을 만들기까지 그만큼의 시간이 걸리게 되는 것이다. 종잣돈이란 시간의 힘으로 커지는 복리효과의 산물임을 알아야 한다. 젊은 시절의 종잣돈은 그 돈의 액수보다 훨씬 더 큰 가치를 갖는 이유이다. 나이가 들어가면 책임져야 할 가정이 생기고, 가계 지출은 점점 더 늘어나게 된다. 생각처럼 종잣돈이 그리 쉽게 만들어지지 않는다.

최근에 스마트폰의 발달로 사회문제가 되고 있는 것이 바로 MTS(스마트폰을 이용해 주식투자를 할수 있는 프로그램)이다. 언제 어디서나 자신이 보유한 주식의 시세를 조회하고, 매매가 가능해져 정작 자신의 본업은 팽개친 채 하루종일 주식의 움직임만 지켜보는 사람들이 많아졌다. 일의 집중력을 떨어뜨려 장기적으로 경쟁사회에서 도태될 가능성이 높아질 뿐만 아니라, 하루의 기분이 주식의 등락에 의해 결정되는 등 부작용이 만만치 않다.

혹시나 주식으로 돈을 좀 벌었다 하더라도 자신의 본업에 충실하지 못 하게 되니, 수익을 얻어도 얻은 것이 아닐 수 있다. 총 투자금액 중 주식 비중이 50%를 넘게 되면 투자를 하는 것이 아니라, 투자에게 쫓겨다니는 꼴이 된다는 사실을 잊지 말자.

1:2의 법칙을 지켜라

최적의 주식, 채권 포트폴리오는 33.3:66.6이라고 요약할 수 있다.

쉽게 말해서 1:2이다. 1억이 있다면 3,300만 원은 주식을 비롯한 위험자산에, 나머지 6,600만 원은 채권을 비롯한 안전자산에 분산하라는 것이다.

물론 개인적인 성향과 투자기간에 따라 달라질 수 있겠지만, 이 비중에서 크게 벗어나기 않는 선에서 조율하는 것이 좋다. 위의 기준은 공격적인 투자자의 경우에 해당하는 것이므로 여기서 주식의 비중을 더 키우는 것은 좋지 않다.

3억을 가진 투자자가 있다고 가정해보자.

1억은 주식에 2억은 채권을 비롯한 이자 상품에 투자했다. 1년 기준으로 주식에 투자한 1억이 얼마의 수익을 낼지, 혹은 손실을 낼지는 알 수 없다. 하지만 2억이라는 돈은 연평균 6%의 이자를 받을 수 있는 금융상품에 넣었다면 연 1,200만 원의 수익을 얻을 수 있다. 세금과 경비를 고려한다 해도 1,000만 원의 수익은 확정적이다. 주식에서 1,000만 원 이상의 손실만 나지 않는다면 원금을 지키는 투자가 될 것이다.

주식투자로 10% 이상의 손실이 발생할 수도 있다.

시장상황이 안 좋아서이든, 자신의 잘못된 판단이든 10% 이상의 손실이 나면 손절매를 통해 투자손실을 줄여 최소한 원금이 훼손되는 일은 피해야 할 것이다. 반대의 경우, 주식시장이 호황이거나 자신이 선택한 종목이 급격한 주가 상승을 통해 큰 수익을 실현했다면 채권투자에서 얻을 수 있는 이자의 몇 배가 되는 큰 수익을 얻을 수도 있다.

주식시장을 상승과 하락만으로 바라보면, 상승하는 날보다 하락하는 날이 더 많다. 하지만 상승하는 날의 탄력도가 하락하는 날의 하락폭보다 높다는 사실에 기회가 존재한다.

하루하루 상승과 하락에 베팅을 한다면 결과적으로 돈을 잃게 되겠지만, 길게 보고 투자한다면 이익을 볼 확률이 상당히 높다는 것이다. 이러한 결과는 시간을 길게 볼수록 분명해지는 결과이다.

부자가 되기 위한 투자란 어려운 것이 아니다. 위험자산과 안전자산에 1:2로 분산해 투자하면서, 위험자산에서 손실을 최대한 막고 호황기 때 기회를 잡을 수 있는 투자를 하면 된다.

정석대로 투자하는 것이 정석대로 버는 지름길인 셈이다.

6장

채권투자자를 위한 특급 조언

지금까지 아무도 해주지 않았던 채권 이야기

채권투자·하기·전에·꼭·알아야·할·것들

1
누가 원금 보장이 된다고 했나?

채권투자자들은 모두 묻지마 투자를 하고 있다

채권투자를 하는 사람들의 공통점이 있다. 예금자 보호가 되지 않는 상품인 것을 다들 알면서도 '설마 그런 일이 있겠어?'라고 생각하는 근거 없는 믿음이다. 은연중 투자의 원금 손실 가능성은 거의 제로라고 생각하고 투자하는 것이다. 주식투자를 하는 사람들이 상장폐지나 반토막, 깡통계좌에 대한 두려움을 가지고 있는 것과는 달라도 너무 다르다.

왜 채권투자자들은 아무런 근거도 없이 그렇게 엄청난 믿음을 가지고 있는 것일까? 채권이 안전자산이라고 일컫는 투자교과서나 언론의 역할이 지대할 것이다. 주식투자는 위험자산, 채권투자는 안전자산이라는 분류는 만고불변의 고전적 투자이론이 되어버렸다.

재무구조도 좋지 않고 사업 영위도 불투명한 기업의 채권도 안전한 투자상품으로 둔갑될 수 있는 소지가 다분한 것이다. 한마디로 질이 의심스러운 상품을 백화점에서 판매된다는 이유로 믿어버리는 것과 다르지 않다.

그런데 주식투자를 할 때는 어떤가? 대부분의 투자자들은 그 기업에 대한 모든 자료와 뉴스를 검색하고, 그 동안의 차트 흐름과 과거의 영업환경은 물론이고 노사관계에 대해서까지 심층적으로 분석한다. 그 기업의 직원들보다 회사에 대한 연혁이나 사업구조, 앞으로의 방향성 등에 대해 더 자세하게 알고 있는 투자자들이 많다.

심지어 마치 자신이 다니는 직장처럼 그 기업을 탐방하는 투자자들도 심심찮게 볼 수 있다. 투자 위험성을 염두에 두고 있기 때문에 그러한 노력을 기울이는 것이다. 하지만 채권투자의 경우는 전혀 의심하지를 않는다. 채권투자 하면서 그 기업에 대해 심층적 분석을 하는 사람들이 몇 명이나 있을까? 그저 과거 재무제표나 한 번 훑어보고, 꾸준히 실적이 나오는지 아닌지만 판단하는 걸로 끝이다.

필자가 그동안 만나 본 대부분의 채권투자자들이 그렇게 투자를 하고 있었다. 채권투자자는 대부분 보수 성향이란 인식이 강한데, 사실은 그 어떤 재테크보다 묻지마 식의 투자를 하고 있는 상황인 것이다. 그리고 자신의 그러한 문제점을 전혀 인식하지 못 하고 있다.

채권은 그냥 알아서 하라던
A씨 이야기

얼마 전 필자에게 주식과 채권투자 상담을 받으러온 A씨의 경우도 그랬다.

그는 전체 자산 중 20%를 주식에, 나머지 80%를 채권에 투자하겠다고 했다. 주식뿐 아니라 다양한 투자상품에 대해 이미 경험이 있는 분이어서, 채권에 대해서 생각하고 있는 종목은 있는지, 대략적인 투자기간과 기대 수익률은 어떤지 질문을 던졌다. 그런데 예상 밖의 반응이었다. "뭐가 좋아요? 그냥 한두 기업으로 안 망할 것 같은 기업 있으면 추천해 줘요."라고 대답하는 것이다.

그러면서 정신은 온통 주식에 쏠려 있었다. 이미 수십 개의 종목에 대해 관련된 보고서와 뉴스 기사는 물론이고 지인의 지인을 통해 들은 정보까지 줄줄 꿰고 있었고, 나름대로 종목에 대한 장단점 분석이 끝난 상태였다. 한마디로 주식투자에 대한 자신만의 기준이 제대로 정립되어 있었다. 한두 종목이 아니라 15개 정도의 종목에 대해 기업 IR 담당자만큼 풍부한 지식을 쏟아내는 A씨의 모습에 놀랐던 기억이 난다.

4배나 많은 돈을 투자하려는 채권에 대해서는 별 관심이 없었던 것은, 돈의 소중함을 몰라서가 아니라 원금 보장은 될 것이란 막연한 믿음이 머리속에 각인되어 있기 때문일 것이다. 주식투자에 있어서는 위험 분산이라는 명목으로 수십 개 종목에 대한 분석을 통해 포트폴리오를 구성하려고 하면서, 채권은 한두 종목에만 들어가겠다는 것도 같은 믿음 때문일 것이다.

자산의 20%를 투자하는 주식은 15개 종목으로 나눠서 한 종목당 자산의 1.3%를 배치하면서, 자산의 80%를 투자하는 채권은 2개 종목으로 나눠 한 종목당 자산의 무려 40%를 배치하는 것은 분명 잘못된 일이다. 만약의 사태가 생기면 전체 자산의 40%에서 문제가 생기게 되는 것이다. 뒤늦게 "아, 분산투자할 걸~", "아, 제대로 알아보고 할 걸~"이라고 후회해 보아도 이미 그 종목은 파산이나 법정관리 절차를 받는 기나긴 과정에 들어간 상황일 경우가 많다.

채권은 안정적으로 자신의 자산을 불리는 좋은 투자상품인 것은 확실하다. 하지만 무조건적인 맹신은 곧 투자 실패로 이어질 수 있다. 그리고 그 투자에 대한 손실 규모나 정신적인 충격은 주식보다 훨씬 더 크게 다가올 것이다. 채권을 잘 알지도 못 하면서 무조건 믿고 투자에 뛰어드는 것은 가장 어리석은 일임을 명심하자.

매달 꼬박꼬박 이자를 받았는데 원금 손실이 난 B씨 이야기

얼마 전 대기업에서 은퇴한 후 비교적 여유있는 삶을 살고 계신 B씨가 필자에게 억울함을 호소해 왔다. 월지급식 펀드에 가입해서 지금까지 매달 이자가 꼬박꼬박 들어왔는데, 원금이 약 10% 마이너스가 난 상황이라고 한다며 도대체 어떻게 된 일인지 이해가 되지 않아 필자를 찾아왔다고 했다.

은퇴자들을 대상으로 안전하게 자금을 운용하는 상품이라는 말을 듣고 투자를 결심했는데 이런 일이 일어났다는 것이다. 만약 원금 손실 가능성이 있다면 절대 투자하지 않았을 것이란 말도 덧붙였다. 심지어 금융사 직원은 '은퇴자금이니까 원금 손실이 없어야 제대로 된 투자를 하는 것'이라며 B씨를 설득했다고 한다.

사실 월지급식 펀드는 목돈을 국내외 채권이나 주식에 투자해 가입자에게 매달 생활비를 지급(정기 환매)하는 방식으로 운용된다. 예를 들어 1억 원을 월지급식 펀드에 넣고, 매월 50~60만 원을 받을 수 있다는 것이다. 불안한 은퇴 생활에 두려움을 느낀 세대로부터 '제2의 월급'이란 칭송을 받으며 폭발적인 반응을 일으켰던 상품으로, 2009년 첫 상품이 출시된 이래 지금까지 인기가 식지 않고 있는 상황이다.

그러나 안타깝게도 일부 월지급식 펀드는 손실을 보고 있는 상황이다. 운용 능력에 따라서 수익률 차이가 천차만별이고, 무엇보다 높은 수수료에 따라 투자 수익률의 하락세가 뚜렷하다는 문제가 부각되고 있다.

그러나 가장 큰 문제는 원금 보장형 상품인 줄 알고 가입한 사람들이다. 매달 지급되는 이자가 자신의 원금에서 나오는 것인지 모르는 사람들이 태반인 것이다. 월지급식 펀드의 경우, 매달 지급할 이자만큼의 수익률이 나오지 않을 경우 원금에서 지급되도록 설계되어 있다. 즉 '제살 깎아먹기' 상황이 발생하는 것이다. 그런데 대부분의 투자자들은 이자가 투자 수익금인 것으로 착각하게 된다. 만기가 되면 원금을 고스란히 찾을 수 있을 것이라고 생각했는데, 막상 원금에 마이너스가 나니 충격에 휩싸이게 되는 것이다. 특히 은퇴자의 경우는 원금 손실이 앞으로의 여생 계획에 막대한 차질을 초래하게 된다.

지금 월지급식 펀드에 가입하려고 생각하는 사람이 있다면 정확한 수익률과 평가 잔고를 확인해 보아야 한다. 안정적인 간접투자 상품이라고 해서, 또 매달 확실한 수익률을 보장해준다고 해서 안심했다가는 어느 날 원금 손실이라는 날벼락을 맞을 수도 있기 때문이다. 흔히 월지급식 펀드를 중위험 중수익 상품이라고 한다. 금융사 직원의 말만 믿고 오랜 시간 내 돈 나가는 줄 모르고 멍하니 있다가, 나중에 남는 것 하나 없다고 허탈해 하는 투자는 하지 말아야 할 것이다.

채권형 펀드는 더 안전할 거라 믿었던 C씨 이야기

C씨는 조심성이 많은 사람이었다. 그는 채권투자가 안전하지만, 그보다 더 안전하게 투자하기 위해 채권형 펀드에 가입했다. 2012년은 채권이 최고 호황기여서 채권형 펀드의 수익률이 두 자리 수의 고공행진을 하게 되자, C씨는 투자를 결심하게 된 것이다. 그런데 고이율은커녕 채권형 펀드에서 원금 손실이 발생하는 일이 벌어진 것이다. C씨는 이 상황이 도무지 믿어지지가 않는다고 허탈해 했다.

비단 C씨뿐만이 아니라 대부분의 투자자들이 채권형 펀드는 수익이 날 때도 손실이 날 때도 그 폭이 제한적이라고 생각하는 경향이 있다. 펀드는 분산투자를 통해 디폴트 리스크를 없애주기 때문에 일반 채권투자보다 손실과 이익에 대한 폭이 좁게 형성된다고 믿는 것이다. 이익도 아주 많이 날 수 없지만, 손실이 나도 적정 수준 이하로는 절대 빠지지 않을 것이란 생각은 한마디로 오해다.

2012년과 같은 호황기에는 이런 사태가 겉으로 드러나지 않는다. 그러나 2013년 중반부터 미국의 국채 금리가 상승하고 우리나라 채권 금리의 상승, 채권 가격의 하락이 이어지면서 채권형 펀드의 손해가 발생되기 시작했다. 또한 유동성 회수 움직임 속에서 대규모 외국계 자금뿐 아니라 개인 자금의 이탈이 가속화되면서 손실 폭은 더욱 커지게 된다. 채권형펀드에 들어갔던 투자자들의 한숨 소리가 높아지기 시작한 것이다.

채권형 펀드 역시 2가지 수익 구조를 가지고 있다. 첫째가 채권투자로 얻은 이자 수익, 둘째가 채권 가격의 변동에 따른 매매차익의 형태이다. 그러나 사실상 채권형 펀드는 첫째 수익 구조, 즉 이자보다 둘째 수익구조, 채권 가격의 변동에 따른 매매차익의 비중이 훨씬 크다.

결국 채권 가격의 하락과 상승에 따라 펀드 수익률이 결정된다는 얘기이므로 채권형 펀드는 우리가 생각하는 것처럼 일정한 수익률을 보장해주는 투자 상품이 아니란 것이다. 물론 일반적인 상황에서는 주식보다 변동성이 적은 것이 사실이지만, 특정한 상황이 닥치면 주식만큼 혹은 주식보다 큰 변동성이 작용할 수도 있는 시장임을 명심해야 한다.

채권 가격 역시 수요와 공급의 원칙에 따라 움직인다. 채권형 펀드에 투자했다고 해서 무조건 원금 손실이 일어나도 크게 나지는 않을 것이라는 기대를 가져서는 곤란하다. 투자 포트폴리오를 구성할 때부터 이런 사실을 염두에 두고 분산투자를 해야 할 것이다.

2
대기업도 망하려면 망한다

 채권투자자들이 종목 선정을 할 때 저지르는 가장 큰 잘못이 무엇인지 아는가?
 바로 이름값에 좌지우지 된다는 것이다. 대부분의 투자자들은 대내외적으로 인지도가 높은 기업일수록 무한한 신뢰와 사랑을 갖게 된다.
 "설마 그 기업이 망하겠어?" "그 기업이 망하게 되면 사회적인 파장이 너무 커서 절대로 망하게 둘 리가 없어."와 같이 기업의 덩치만 보고, 혹은 그 기업의 임직원 숫자만 보고 기업의 안정성을 판단하는 것이다. 이런 판단은 정확하게 말해 '판단'이 아니라 '찍기'와 같다.
 물론 대기업이 망할 확률은 상대적으로 적다. 그만큼 그 산업 분야에 있어 확실한 경쟁력과 안정적 유통망을 가진 기업들이기 때문이다. 그러나 그러한 구조가 오히려 독이 되는 경우도 많다는 것을 명심해야 한다. 특히 아무리 좋은 대기업이라 할지라도 일부 자회사의 엄청난 손실에 모기업 자체가 휘청댈 수도 있다. 최근 건설 업종과 해운 업종 중심으로 이런 현상이 관찰되고 있으며, 사실 오래 전부터 이러 리스크는 꾸준히 있어 왔다. 대기업이란 사실만 믿고 투자했는데, 결국 손실을 본 투자자들은 생각보다 많았다.

불과 얼마 전에 극심한 불황을 겪고 있던 중소 건설사를 계열사로 거느린 대기업들의 주가가 심하게 출렁거리고, 디폴트 위험성까지 경고되는 사례가 있었다. 계열사의 악화된 사정은 다른 계열사의 경영 악화로 이어져, 결국 그룹 자체가 회생절차를 밟는 사태까지 벌어지게 된다.

아무리 역사가 깊고 규모가 큰 대기업이라 할지라도, 아무리 여러 업종과 계열사를 거느린 그룹이라 할지라도 갑작스럽게 한 쪽에서 구멍이 크게 나면 메울 수 있는 여력에는 한계가 있음을 명심해야 한다. 최근 들어 불확실한 대외경제 여건 속에서 대기업들의 부도 리스크 역시나 높아지고 있는 상황이다. 다음 신문 기사를 통해 이러한 상황을 쉽게 이해할 수 있다.

미국 '양적완화' 후폭풍에 국내 주요 기업의 부도위험 지표가 연중 최고치까지 올라가는 등, 국내 기업 실적에 빨간불이 켜졌다. 신용부도스와프(CDS) 프리미엄이 상승할수록 외국인의 자금 유출 가능성이 커진다는 점에서 관심을 기울여야 하는 대목이다.
2013년 6월 25일 금융업계에 따르면 지난 6월 21일 기준 삼성전자의

CDS 프리미엄은 73.57bp(1bp는 0.01% 포인트)로 연중 최고치를 기록했다. 2013년 월 1일 37.50bp보다 2배 가량 높은 수치다. CDS 프리미엄은 채권을 발행한 기업이나 국가가 부도났을 때 손실을 보상하는 일종의 보험용 파생상품인 CDS에 붙는 가산금리다. CDS 프리미엄이 올라가면 그만큼 외부의 우려가 커진다는 뜻이다.

삼성전자 CDS 프리미엄은 1월 4일 2013년 최저치(35.00bp)로 내려간 이후, 상승과 하락을 반복했지만 지난 6월 7일 스마트폰 판매 우려를 지적한 JP모건의 보고서가 나온 이후 급등했다. 지난 주 미국 중앙은행이 '양적완화 출구전략 시간표'를 제시하면서 신흥국을 중심으로 자본 이탈이 심해진 것도 CDS 프리미엄의 급등을 불러왔다.

현대자동차의 CDS 프리미엄 역시 지난 6월 21일 106.04bp로 연중 최고치(11일 103.61bp)를 다시 갈아치웠다. 연중 최저치를 기록한 지난달 10일(69.53bp)보다 36bp가량 올랐다. SK텔레콤(104.82bp), 기아차(109.82bp), KT(104.21bp), GS칼텍스(108.78bp) 등도 21일 기준으로 CDS 프리미엄이 올해 최고였다.

한국 국채의 CDS 프리미엄도 5월 28일(69.19bp)을 기점으로 오르기 시작했다. 한국 CDS 프리미엄은 20일 107.21bp로 올해 최고치를 기록, 2012년 9월 3일 이후 처음 100bp를 넘었다. 이는 북한이 정전협정 백지화를 일방적으로 선언했던 지난 4월 초(87.90bp)보다도 13bp 이상 높은 것이다.

_서울신문 2013. 6. 26

서울신문의 기사는 우리나라 최고 기업이자 글로벌 기업이라고 할 수 있는 삼성전자와 현대차의 위험성이 급격하게 높아지고 있음을 경고하고 있다. 또한 국가의 투자 기준인 국채의 CDS 프리미엄 역시나 가파르게 오르고 있다는 것이다.

그런데 이제까지 채권투자자들은 이런 상황들을 간과하고 넘어간 것이 사실이다. 물론 삼성전자와 현대차가 쉽게 망하지는 않을 것이지만, 국가의 간판 기업이거나 국가 자체라도 부도 위험에 대해 예의 주시해야 한다. 우리나라 최대 기업이라고 해서 절대 망할 확률이 없다는 것이 잘못된 생각임을 꼭 깨달아야 한다.

다른 기사를 하나 더 살펴보자. 한국경제신문은 한국은행이 대기업 신용위험도를 수치로 정리한 자료를 기사로 내보냈는데, 채권투자자들에게 충분히 경각심을 불러일으킬 만한 내용이라 여기에 소개하고자 한다.

> 최근 영업비·일반관리비·광고비를 일괄적으로 30% 삭감한 회사가 있다. 외환 위기나 금융 위기 때나 하던 비상경영이다. 이 회사는 지난해 4분기에 이어 올 1분기에도 영업손실(5000여억 원)이 났다. 회사 관계자는 "원가 절감은 물론 사무용품 아껴 쓰기 등을 통해 한푼이라도 절감하려고 모든 노력을 기울이고 있다"고 말했다.
> 중소기업 얘기가 아니다. 이 회사는 시공능력 10위권에 드는 대기업 건설사다. 그런데 이렇게 어려운 대기업이 한두 군데가 아닌 것으로 나타났다. 한국은행이 30일 국회에 제출한 금융안정보고서를 통해서다. 한은은 1년에 두 번 이 보고서를 내는데, 국내 대기업의 위험상황을 적나라하게 분석한 것은 처음이다. 보고서에 따르면 2012년 말 기준으

로 국내 은행이 대기업에 빌려준 돈은 221조 원인데 이 중 21.8%인 48조 1000억 원이 잠재위험 상태인 것으로 분석됐다.

이 중에서 27조 5000억 원은 원리금 상환이 1~3개월 밀린 요주의 이하 여신이다. 영업으로 이자도 못 갚는 상태(이자보상비율 100% 미만)가 3년 연속인 한계기업 여신은 32조 2000억 원. 한계기업이면서 동시에 요주의 이하인 고위험여신은 11조 6000억 원이다. 이번 통계는 대기업 부실 수술병동인 산업은행과 수출입은행의 여신은 제외한 수치다. 한은 관계자는 "산은이 구조조정 중인 대기업 여신을 감안하면 잠재위험수치는 더 커질 수 있다"고 말했다.

이 통계치는 분석기관인 한은도 놀랄 정도다. 사실 대기업은 한국 경제의 버팀목이라고 해도 과언이 아니다. 정부는 중소기업들이 어려우니 좀 나눠주라고 대기업을 독려하는 판인데, 잘나가는 줄로만 알았던 한국 대기업들의 건전성에 빨간불이 들어와 있는 것이다. 민상일 홍국증권 리서치센터장은 "위험여신이 많다는 것은 언제든 대기업 부도가 발생할 수 있다는 얘기"라고 말했다.

대기업들이 빌려간 돈을 못 갚는 것은 벌이가 시원찮기 때문이다. 매출로 이익을 내는 비율인 매출액영업이익률은 2009년 6.2%에서 2012년 5.2%로 떨어졌다. 그러면서 은행에 돈을 빌렸다가 갚지 못하는 연체율이 같은 기간 0.2%에서 1.1%로 뛰어올랐다

. 한은 관계자는 "한계상황에서 간신히 버텨오던 대기업들이 손을 드는 경우가 부쩍 많아진 것으로 보인다"면서 "은행들이 돌려받지 못했지만 아직 연체가 아닌 것으로 간주하고 있는 규모까지 감안하면 연체율은 더 높아질 가능성이 크다"고 말했다.

업종별로는 부동산 경기 침체의 희생양이 된 건설과 금융 위기의 후폭풍에서 헤어 나오지 못한 해운·조선의 어려움이 심각하다.

조선의 경우 지난해 수주량이 45% 감소했다. 조선업체 중 현대중공업·삼성중공업·대우조선해양 빅3를 제외한 나머지 업체 대다수가 손실을 보면서 공장을 돌리고 있다. 해운업계는 더 암울하다. 현대상선은 지난해 1조 원에 가까운 순손실을 입었고, 한진해운(-7008억 원)·대한해운(-2503억 원)도 사정이 별반 다르지 않다. 한은은 이들 업종의 예상부도확률이 건설 9.1%, 해운 8.5%, 조선 5.9%라고 밝혔다. 이 정도의 수치는 "상당히 높은 부도확률"이라는 것이 한은의 설명이다.

건설업계의 어려움은 새로운 뉴스가 아니다. 하지만 건설사들의 부실이 다른 계열사로 옮겨 붙으며 그룹 전반으로 확산되는 양상이 문제다. 극동건설 부도로 법정관리에 들어간 웅진그룹이 그런 사례다. 보고서는 "부실 가능성이 큰 대기업 그룹 가운데 상당수가 건설사를 계열사로 두고 있다"고 지적했다. 그래서인지 최근 증시에선 계열 건설사를 지원하는 모기업의 주가가 급락하는 사례가 속출하고 있다.

건설·해운·조선을 두고 '한국 산업계의 못난이 삼형제'로 부르는 이가 많다. 그러나 이들 업종만 탈이 난 것이 아니다. 글로벌 경쟁력이 있다는 전자, 화학 업종 대기업의 요주의이하여신 비율도 각각 6.7%, 4.8%나 된다.

대기업에 빌려준 돈이 부실화하면 은행도 온전할 수 없다. 국내 은행들은 2012년 말 현재 대기업 부실에 대비해 5조 원 정도의 대손충당금을 쌓아두고 있다. 한은은 "국내 은행의 대기업 여신이 부실화할 가능성이 점차 확산되는 모습"이라며 "국내 은행은 손실흡수능력을 더욱 높일 필요가 있다"고 주문했다.

_한국경제신문 2013. 7. 5

한국경제신문의 내용을 보면 이미 위험에 대해서 인지를 하고 있는 조선, 해운, 건설 업종뿐 아니라 우리나라를 먹여 살린다는 기업들이 포진해 있는 업종까지도 자금 흐름이 악화되고 신용도가 떨어지고 있다는 것이다.

물론 유럽 등의 재정위기 리스크가 진행되고 있으며, 불황기이기 때문에 그런 것이니 너무 민감하게 반응할 필요는 없다고 생각할 수도 있다. 하지만 우리가 채권을 투자하는 기간 동안 불황이 올지 호황이 올지는 아무도 알 수 없으며, 지금이 호황인지 불황인지도 사실은 시간이 지난 후에야 알 수 있는 것이다. 현 상황에서의 위험 요소를 항상 인지하고 투자는 신중하게 할 필요가 있다.

실질적인 부도 상황까지는 가지 않는다고 하더라도 위험도가 높아지게 되면 채권 가격 자체가 하락하게 되므로, 채권 매매에 있어 손실 가능성은 상존하는 것이다. 따라서 이제는 대기업이라는 간판만 보고 투자하는 어리석은 일은 하지 말아야 한다.

3
국채라고 무조건 믿어서는 안 된다

 2012년 9월 국내에서 첫 선을 보이며 고액 자산가들에게 큰 인기를 끌었던 국고채 30년물의 인기가 폭락했다. 기관 투자자나 슈퍼리치라고 불리던 큰손들에게 절세(節稅) 혜택의 장점으로 크게 어필했으나, 최근 채권 금리의 급등으로 생각지도 않았던 손실률이 급격하게 늘어났기 때문이다.
 금융투자협회에 따르면 2013년 6월 중순 기준으로 국고채 30년물 금리는 3.49%까지 급등(채권가격은 급락)했다. 금리가 최저였던 2012년 10월의 2.94%와 비교해보면 반년이 조금 넘는 기간 동안 채권금리가 약 0.5%포인트 오른 것이다. 사실 금리의 변동 폭 0.5%포인트는 시장과 상황의 변화를 불러올 수 있는 수준이다.
 실질적인 금통위의 기준금리가 인상되지 않았음에도 불구하고, 시장에서 금리 인상 가능성이 높아졌다는 것만으로도 이렇게 큰 움직임이 나타나면서 투자자들의 불안감은 상당히 커졌다. 이 상황에서 가격 하락 손실률은 어느 정도일까? 지난해 10월 국고채 30년물을 사들였던 투자자가 현재까지 채권을 보유하고 있다면 투자금 대비 약 10% 정도는 원금 손실을 보고 있다고 볼 수 있다.

따라서 한때는 30년물 국채시장에서 약 40%에 육박하는 점유율을 보였던 개인투자자 비중이 5% 안팎으로 급격히 떨어지고 있는 상황이다. 장기 국채는 더 긴 안목과 계획으로 투자해야 함에도 불구하고, 개인투자자들은 20년물 국채 매매를 통해 수익률을 실현해 보았기 때문에 무조건 될 것이라는 환상에 사로잡혀 있었던 것이다. 환상은 곧 실망으로 바뀌고, 개인투자자들의 손절 물량과 실망 물량이 대량으로 쏟아지면서 국채 가격 하락을 더욱 부채질하게 되어 변동성은 그만큼 더 커지게 된 것이 사실이다.

물론 앞으로 금리가 상승할 것이라는 막연한 전망에 대해서 무조건 걱정할 필요도 없고, 국채 투자를 두려워할 필요도 없다. 채권에도 분명 흐름과 추세가 있으니 금리 상승기로 언젠가는 진입하게 되겠지만, 과서와 같이 급격한 금리 인상이 단행되기는 어렵기 때문이다.

우리나라의 경제 규모라든지 성장률을 고려해 보았을 때, 금리 인상은 상당히 더디게 움직일 가능성이 높고 무엇보다 전 세계적으로 금리 인상의 도미노 현상이 나올 수 있는 시기가 아니라는 점이 그 근거이다. 물론 채권 시장에도 사람들의 심리라는 것이 분명히 작용하고, 단순한 경기 흐름만으로 모든 상황을 예측할 수는 없으므로 신중할 필요가 있는 것이다.

손실이 난 상황에서 '이왕 이렇게 된 거, 그냥 만기 때까지 홀딩해 볼까?'라는 생각으로 기다리는 투자자들도 생겨나고 있다. 그러나 국채투자라고 해서 무조건 몇 십 년을 기다린다는 것은 어리석은 짓이다. 그런 투자는 보험회사나 투자회사처럼 자금 운용 스케줄을 여유있게 가져갈 수 있을 때만 가능하다. 아무리 고액 자산가라 할지라도 몇 십 년간 돈을 묵혀둔다는 것은 투자의 의미를 찾기 어렵다. 따라서 손실을 보았으니 무조건 'GO'라고 외칠 필요가 없다. 국채 투자에 있어서도 중간에 'STOP'을 해야 할 타이밍은 아주 중요하다.

   국채란 말 그대로 국가에 투자하는 것이기 때문에 손실 우려가 전혀 없는 안전한 채권이라고 생각해서는 안 된다. 디폴트 우려가 상당히 낮다는 의미이지 매매차익과 관련된 채권가격 하락 등에 대해서까지 안전하다는 의미는 절대 아니다. 이런 투자의 기본사항조차 모르고 잘못된 상식과 오해로 투자에 대한 헛된 희망을 품는 투자자들이 많다는 것은 참으로 안타까운 일이다.

4
묻지마 해외채권 투자는 더 위험하다

 최근 몇 년간 금융시장의 대세라고 한다면 아마 많은 사람들이 해외채권을 얘기할 것이다. 특히나 2012년은 이머징 마켓의 해외채권이 고수익 투자상품으로 급부상하면서 단기간에 엄청난 시중 자금을 끌어모으는 괴력을 과시했다. 고성장과 고물가라는 이머징 마켓의 특성은 채권투자에 안성맞춤이었기 때문이다. 사람들은 모두 투자의 신천지가 열린 것처럼 너도나도 해외채권 투자에 동참했고, 고금리의 부푼 꿈을 꾸었다.
 일부 전문가들의 위험 경고는 기세등등한 해외채권의 위세에 묻혀버렸다. 그러나 이러한 우려는 너무나 빨리 현실로 다가왔다. 절대 무너지지 않고 위로 치솟을 것만 같았던 나라들의 경제성장률에 이상징후가 나타나기 시작한 것이다. 또한 국가 내부적으로 정치적 혼란이 발생하면서 화폐 가치가 급격하게 떨어지는 상황이 속출했다.

여기에 미국 등의 달러 공급이 중단될 것이라는 우려감은 대부분 국가에서 달러 강세로 이어지고, 이머징 국가들의 통화 가치는 더욱더 곤두박질치는 사태가 발생하게 된 것이다. 설상가상의 상황이 아닐 수 없다.

채권의 표면금리는 분명 10%에 육박하는데, 막상 실질 수익률을 마이너스를 기록한 것이다. 그리고 그 마이너스 폭이라는 것이 애초에 국채라는 안정성을 기반으로 판단했던 변동 폭을 훨씬 상회할 정도로 가파르게 추락하면서 두려움은 배가 되었다. 환율적인 측면에서 어느 정도 헷지(위험 관리)가 되리라 기대했던 투자자들이 느낀 충격은 너무나도 컸다.

관련된 신문 기사 속에 그 공포스러운 상황이 그대로 묘사되어 있다.

2013년 5월 중순, 인도 국채에 투자하는 증권사 신탁상품에 3억 원을 넣은 자영업자 김 모씨(50)는 최근 자신의 계좌를 보고 깜짝 놀랐다. 투자한 지 두 달여 만에 7%가 넘는 손실을 보고 있어서다.

김씨는 "국채라 안전하고 시중금리보다 높은 연 7%의 이자 수익을 얻을 수 있다는 얘기를 듣고 투자했는데 도대체 무슨 일인지 모르겠다. 이대로라면 이자는커녕 원금만 까먹는 것 아닌지 걱정"이라며 안절부절 했다.

올 들어 시중금리보다 높은 이자수익을 기대하고 인도, 브라질, 멕시코, 터키, 칠레 등 이머징 채권에 투자했던 개인투자자들이 좌불안석이다. 미국의 양적완화 축소 우려로 이머징 국가의 통화 가치가 급락하면서 채권 수익률이 곤두박질치고 있어서다. 이들 이머징 국가의 달러화 대비 통화 가치는 최근 한 달 사이 4~6% 이상 급락했다. 환율 변동으로만 불과 한 달 만에 4~6% 이상 손실을 보고 있는 셈이다.

향후 전망도 좋지 않다. 미국이 실제로 올 하반기 양적완화 축소에 나설 가능성이 높아지면서 달러 가치가 강세를 보이고 있기 때문이다. 달러 가치가 강세를 이어갈 경우 이머징 국가의 통화 가치는 약세가 불가피하다.

◇미국발 쇼크에 인도 채권 투자자 패닉 = 최근 이머징 채권 중 가장 인기를 끈 것은 인도 국채와 루피(Rupee)화 채권이다. 일부 판매사들은 지난 3월부터 인도 국채와 루피화 채권에 투자하는 신탁과 펀드를 출시, 두 달여 만에 2000억 원 가량을 판매했다.

당시 이들 판매사는 만기 1년인 인도 국채나 루피화 표시채권에 투자하면 연 6~7% 가량의 이자 수익은 물론 환율 및 금리 하락에 따른 자본차익(환차익+매매차익)까지 기대할 수 있다고 홍보하며 개인투자자들을 끌어 모았다.

하지만 최근 투자수익률을 보면 상황은 정반대다. 올 들어 달러화 대비 루피화 가치가 고점 대비 10% 가량 급락하면서 원금 손실을 보고 있는 것. 지난 5월 설정된 한 자산운용사의 펀드는 설정 이후 수익률이 -8.65%(12일 기준)를 기록했다. 특히 최근 한 달 만에 원금의 7.35%를 까먹었다. 이 펀드는 수출입은행 등이 발행한 만기 1년의 루피화 채권에 투자해 연 6~7% 가량의 이자 수익을 추구하는 상품이지만 손실폭이 이자 수익을 초과하면서 원금 손실 위기에 처했다.

또 다른 루피화 채권펀드도 최근 1개월 수익률이 -7.19%, 설정 이후는 -7.35%로 이자 수익보다 원금 손실 폭이 큰 상황이다. 이밖에 인도 국채펀드도 설정 이후 대부분 수익률이 -4~-7% 대로 부진한 상황이다.

◇칠레·터키·멕시코債 등도 환율 공포 확산 = 통화가치 급락으로 수익률 관리에 비상이 걸린 것은 인도 채권뿐만이 아니다. 브라질, 멕시코, 터키 등 올 들어 개인들이 주로 투자했던 이머징 국가 채권들도 현지 통화 가치 하락으로 수익률이 빠르게 악화되고 있다.
통상 이머징 채권 투자는 원화를 달러로 바꾼 후 현지 통화로 투자되는데 이 과정에서 원/달러 환율은 헤지를 하지만 현지 통화와 달러 환율은 비용 문제 등으로 인해 헤지를 하지 않는 것이 일반적이다. 현지 통화가치가 떨어지면 채권 수익률이 악화되는 것도 이 때문이다.
한 증권사에 따르면 따르면 12일 기준 달러화 대비 칠레 통화(페소) 가치는 최근 한 달 만에 5.86% 떨어졌고, 멕시코(-5.82%), 브라질(-5.26%), 터키(-4.49%) 등도 통화 가치가 각각 4~5% 가량 하락했다. 이에 따라 해당 국가의 채권 수익률도 마이너스를 기록하는 등 부진을 면치 못하고 있다.
실례로 브라질 국채에 투자하는 산은자산운용의 '산은삼바브라질증권자투자신탁[채권]'은 최근 1개월 수익률이 -7.68%로 추락했다. 이머징 채권펀드의 최근 1개월 평균 수익률도 -6.28%로 떨어져 연초 이후 성과를 모두 까먹고 마이너스로 돌아섰다. 같은 기간 국내 채권형 펀드의 평균 수익률(1.29%)과 비교하면 매우 부진한 성과다.
업계 관계자는 "이머징 국가의 통화 가치가 단기 급락하면서 채권 수익률 관리에 비상이 걸렸다"며 "특히 인도 채권 등 만기 1년짜리 단기 상품에 투자한 고객들이 불안해하고 있다"고 말했다.

◇ "환율 쇼크 당분간 지속…투자 미뤄야" = 문제는 이머징 국가의 환율 전망도 그리 좋지 않다는 점이다. 이머징 국가의 통화 가치 하락을 불러온 미국의 양적완화 축소 우려가 점점 현실화되고 있어서다.
벤 버냉키 FRB(연방준비제도이사회) 의장은 지난 5월 23일 의회 증언에서 "양적완화를 단계적으로 축소하는 것을 논의할 수 있다"고 언급한 바 있다. 이에 월가에서는 올 4분기부터 양적완화 축소가 본격화될 것을 기정사실화하는 분위기다. 전문가들은 미국발 환율 쇼크뿐만 아니라 인도의 경기 불확실성과 터키의 정치적 불안 등 개별 국가의 내부 문제도 환율 및 금리 상승을 부추기는 요인으로 작용하고 있어 단기간에 이머징 채권 수익률이 회복되기는 힘들 것이란 분석이다.

_머니투데이 2013. 6. 13

"국채니까 안전할 거야", "경제성장률이 계속 높아지니 더 큰 수익이 가능할 거야", "환율 변동성이 그렇게 크지 않으면 환율 리스크는 괜찮을 거야" 등등 막연한 생각으로 투자를 한 사람들은 정신적 충격과 함께 상당한 자산의 손실을 입게 된 것이다.

해외채권이라고 해서 무조건 고수익을 보장해주는 투자라고 생각해서는 안 된다. 해당 국가의 정치 상황, 국민들의 정책 지지도까지 꼼꼼하게 체크해야 한다. 다시 말해 국내 채권투자보다 더 신중해야 한다는 것이다. 또한 해외채권의 경우 목돈을 오랜 기간 묶어놓아야 하는 경우가 대부분이기 때문에 더욱더 신중한 투자를 해야 후회하지 않을 것이다.

5
채권시장에도 공포심리가 존재한다

주식투자에 있어 유명한 격언 중 하나가 '공포를 사라'는 것이다. 남들이 모두 두려움에 싸여 주식시장을 빠져나갈 때 주식을 사는 사람이 큰돈을 번다는 의미이다. 그 시점이 최적의 주식 매수 타이밍이기 때문이다. 반대의 경우도 성립한다. 누구나 주식이 오를 것이라 확신하는 시점, 누구나 추가 상승에 대해 확신을 가지고 있는 주식을 거부할 수 있는 안목과 배짱이 있어야 한다. 주부들이 장바구니를 들고 객장에 나가고, 너도나도 돈을 빌려 주식투자를 할 때가 꼭지란 사실은 투자시장에서 진리로 받아들여지고 있다.

지금 이 얘기를 하는 이유는 남들이 모두 '예스'라고 할 때 '노'라고 하는 극단적인 선택을 하라는 것이 아니다. 남들이 모두 감정과 욕심과 환상에 의해 투자를 할 때 이성과 합리성에 근거해 투자하라는 얘기다.

그런데 채권시장에서도 이러한 공포심리와 환상심리가 존재한다.

2013년 중순, 채권시장에 큰 변화가 생겼다. 절대 무너지지 않을 것 같던 채권시장에 붕괴 우려감이 커지면서 그동안 지속적으로 순유입 되어 왔던 채권 펀드에서도 돈이 빠져나가기 시작한 것이다. 물론 채권 펀드를 통해 수익 실현을 하기 위해 빠져나간 돈도 있었지만 많은 개인투자자들의 손절 물량 때문이었다.

당시 미국의 출구전략에 대한 불안감이 커지면서 외국 자금의 채권시장 이탈 움직임도 감지되었으며, 대부분의 채권 펀드가 마이너스로 전환되었다. 높은 수익률은커녕 단기간에 손실 구간으로 접어들고, 그 손실 폭이 점차 확대되어 가니 모두가 공포심에 사로잡히게 된 것이다.

앞으로 금리 상승 가능성이 예측되면서 채권투자에 대한 기피 현상이 충분히 나올 수 있는 상황이었지만, 항상 좋은 점만 강조하던 언론에서도 소실 부분을 집중 조명하면서 불안 심리를 더욱 부추기는 형태가 지속되었다.

투자자들은 애초에 생각했던 투자기간이나 전략은 다 잊어버린 채 당장 채권시장에서 빠져나와야겠다는 생각만 하게 된 것이다. 이성적 판단이 아닌 공포심리에 조종당한 것이다.

하지만 분명한 것은 그러한 자금 이탈이 가속화 되면서 채권 가격은 더욱 하락하고, 하락이 또 다른 매도를 부르며 채권의 가치 대비해 너무 많이 떨어진 상황까지 치닫게 되었다는 것이다. 앞으로의 금리 인상 폭을 감안하더라도 당시의 채권 가격 하락폭은 그러한 위험을 상쇄하고도 남을 정도였다.

또한 법정관리에 들어간 회사의 채권은 무슨 최종 부도가 난 것처럼 휴지 조각 취급을 받는 분위기가 만들어졌다. 그 회사의 법정관리 탈출 여부나 잔존 가치에 대해 쉽게 판단할 수 있는 상황이 아니라 하더라도, 원금 대비해 너무나 형편없는 가격에 그야말로 던져버리는 경우가 태반이었다. 이럴 경우 추후 회생 절차에 들어가더라도 전혀 보상을 받지 못하며, 주식 전환 비율에 따른 그 회사의 주주로서의 가치도 박탈당하는 것과 마찬가지다.

공포심에 사로잡힌 투자자는 정확한 상황 판단을 하기가 어렵다. 추후에 얻을 수 있는 이득은 전혀 고려하지 않고 무작정 매도하고 보자는 식의 투자는 잘못된 것이다.

반대로 생각해보자. 그 당시에 채권을 산 사람은 앞으로 얼마의 손해를 볼지는 모르지만, 거의 휴지 조각과 같은 가치로 구입했기 때문에 손해를 볼 가능성은 거의 없다. 이미 해당 채권의 잔존 가치나 향후 이익 개선 여부에 대한 분석을 다 끝마치고 매수했을 것이기 때문이다. 투자를 할 때 대부분의 자산은 웬만해선 손해를 보지 않는 상품에 들어가고, 일정 부분의 자산만 손실 봐도 큰 무리는 없으면서 잘 되면 크게 이익이 나는 상품에 옵션 식으로 들어가는 것이 좋다.

채권투자자로서 높은 수익을 내고 싶다면 이런 채권 시장의 심리적인 움직임을 체크하면서 투자의 시기를 조율하는 전략을 쓰는 것이 좋다.

6
기준금리 모르고
채권투자 하지 말자

　기준금리를 모른다면 채권투자자로서 기본이 되어 있지 않다고 할 수 있다.

　금리와 채권과의 관계는 그만큼 밀접하기 때문이다. 먼저 기준금리란 정책금리로서 7일 만기 환매조건부채권(RP)의 금리 목표치를 말하는 것이다. 정부가 정한 이 금리 설정치가 벗어나게 되면, 공개시장조작을 통해 금리를 맞추게 되는데 이 작업을 매달 둘째 주 목요일에 하고 수정된 기준 금리를 발표하게 된다.

　쉽게 설명하자면 기준금리란 한국은행이 은행들을 상대로 예금을 받거나 대출을 해줄 때 사용하는 금리이다. 기준 금리 인하는 보통 경기가 침체되어 있는 상황에서 이루어진다. 소비, 투자, 생산 활동이 통상 수준보다 크게 떨어진 상황을 경기 침체라고 정의하는데, 이러한 때 좀 더 활발한 투자활동을 촉진하기 위해서 금리 인하를 단행하는 것이다.

금리 인하가 되면 우선 은행들의 대출 금리가 내려가고, 돈을 빌리는 데 이자 부담이 없어진 기업이나 가계가 많은 돈을 빌려서 투자나 소비에 쓰게 되는 것이다. 그러면 시중 통화량이 증가되고, 시중에 풀린 돈은 주식시장이나 상품시장으로 흘러들어가게 된다. 늘어난 소비활동은 신규 고용 창출이나 신사업 확장으로 이어진다. 늘어난 돈이 경제활동을 활성화시키는 선순환 구조가 이루어지는 것이다. 이렇듯 경제 전반에 확실한 영향을 미치고 경제의 구조를 빠르게 재편할 수 있는 카드가 바로 금리 인하이다.

반대의 경우, 기준 금리 인상은 경기 과열로 실제 가치보다 화폐 가치가 높게 형성되었을 때 쓰는 방법이다. 경기가 좋은 것은 반길 일이지만, 과도한 자산 가치 상승은 거품이 되기 때문에 바람직하지 않다. 거품은 언젠가 꺼지게 마련이고, 그 시점에서 심각한 사회 문제가 발생할 가능성이 높기 때문이다.

이 시점에서 금리 인상을 하게 되면 대출 수요가 줄어들고, 돈을 빌린 사람들은 자신이 가지고 있는 주식이나 부동산 등 자산을 처분해 대출금을 갚으려고 할 것이다. 화폐 유통량이 급격이 줄어들게 되고 그 돈은 모두 은행 금고로 유입된다. 기업이나 가계는 새롭게 투자를 하거나 소비를 할 계획을 최대한 줄이게 되고, 이 과정에서 고용자의 해고가 이루어진다.

가계 소득이 줄어든 가정은 소비를 줄이게 되고, 기업은 생산활동을 줄이게 된다. 금리 인상은 경제의 거품을 꺼지게 하고 모든 것이 적정 가치 수준으로 돌아가게 해주는 역할을 한다. 그리고 어느 수준에 도달하게 되면 다시 금리 인하를 통해 경제를 정상화시키는 것이다.

　기준 금리를 이렇게 인상하고 인하하는 최적의 타이밍을 잡기는 쉬운 일이 아니다. 한국은행과 정부는 기준금리 결정을 통해 시장을 최적의 상태로 유지하도록 노력하고 있는 것이다.

7
정부와 한국은행은 엄연히 다른 존재다

채권투자자뿐 아니라 일반 투자자도 '정부'와 '한국은행'을 동일시하는 잘못을 저지른다.

사실 둘 다 국가 기관이고, 국민을 위해 존재하는 것은 사실이지만 추구하는 목표와 하는 일은 분명히 다르다. 투자자들 입장에서 정부란 '기획재정부'를 말하는 것이다. 물론 대통령이 정부라고 할 수도 있겠지만 대통령의 경제 추진 목표 및 정책에 있어 가장 중심 역할을 하는 것이 기획재정부이기 때문이다. 한국은행은 잘 알다시피 화폐를 발행하고, 효율적인 통화정책을 수립하고 집행하는 기관이다.

앞서서 두 기관의 목적 자체가 다르다고 했는데, 기획재정부는 국가 전체의 살림을 책임지고 국가 예산을 어디에 어떻게 쓸 것인가를 계획한다. 다시 말해 정해진 예산을 가지고 어떻게 써야지 나라 경제가 안정적인 성장을 이루어나갈 수 있을지 고민을 하고, 그 결과에 따라 정책을 집행한다. 한마디로 기획재정부의 최종 목표는 경제성장이다.

올바른 투자를 통해 좋은 일자리를 창출하고, 우리나라 기업들에게 좋은 환경을 만들어주어 세계 기업들과 경쟁에서 이길 수 있게 해주는 것, 국가 인프라 구축을 통해 말 그대로 잘 사는 나라를 만드는 것이 목표인 셈이다.

반면에 한국은행은 성장보다는 물가의 안정을 최우선시 한다. 기획재정부가 거대한 예산을 집행할 권한과 능력이 있다면, 한국은행은 돈을 찍어낼 수 있는 권한을 가지고 있다. 그 돈을 찍어내는 속도와 양을 조절함으로써 시중에 유통되는 돈의 가치를 좌지우지할 수 있는 힘이 있는 것이다. 한국은행은 그 힘을 사용해 물가를 안정시키고 서민경제에 대한 부담을 줄이기 위해 노력하는 것이다.

정부, 즉 기획재정부는 성장이라는 목표를, 한국은행은 안정이라는 목표를 설정함으로써 국민들이 윤택하고 행복한 생활을 영위하도록 해주는 것이다. 성장과 안정은 어느 것 하나를 희생할 수 없는 중요한 가치이다.

간혹 금리를 결정함에 있어 정부와 한국은행의 갈등이 커지고 있다는 기사를 본 적이 있을 것이다. 두 기관의 목표가 상이하기 때문에 힘겨루기가 진행될 때 그러한 얘기가 나오게 된다.

물론 통화정책에 있어서는 한국은행의 권한이 당연히 더 크게 작용하고, 그 권한에 대한 독립성도 법으로 인정받고 있다. 하지만 어느 정도 정부와의 조율이 필요한 것은 사실이다.

앞으로 금리 동향을 예측할 때 한국은행의 결정에 영향을 미칠 변수를 체크하는 것도 중요하지만, 정부의 정책 동향이 어느 방향인지 큰 그림을 함께 보는 것이 필요한 이유이다.

8
정부는 채권시장이 무너지도록 놔두지 않는다

채권시장은 정부 정책과 밀접한 연관성을 가지고 있다.

이러한 사실을 잘 파악하면 성공적인 채권투자를 할 수 있다. 중요한 것은 정부가 채권시장을 중요하게 여기고 관리하려는 의지를 보인다는 것이다. 왜 그럴까?

채권시장이 국가 신용도를 가늠하는 척도가 될 수 있기 때문이다. 국가가 자금을 조달하는 방법이 국채, 기업들이 자금을 마련하는 방법이 회사채다. 그런데 채권시장의 신뢰성이 낮아지면 자금을 마련하기 어려워지고, 이는 투자 기피현상으로 이어지게 될 것이다.

개인의 경우 돈이 필요한데 자금을 조달하지 못 하면 개인파산을 겪게 될 것이고, 국가가 자금을 조달하지 못 하면 국가사업의 진행에 차질이 생기고 심각한 경우에는 국가 부도 사태까지 겪게 될 것이다.

또 기업들이 발행한 채권이 매각되지 않을 경우 새로운 사업을 확장할 수 없을 것이고, 상환 자금이나 결제 대금을 마련하지 못 해 부도 위험이 높아질 것이다. 기업들이 부도가 나면 일자리가 줄어들고, 일자리를 잃은 가계는 소비를 줄일 것이다. 이는 다시 기업의 매출 부진을 불러오면서 악순환은 더 큰 악순환의 고리로 연결되게 된다.

채권시장이 아무리 개인이나 개별 기업의 책임 하에 움직인다 해도 국가가 손을 놓고 좌시할 수 없는 이유가 이것이다. 사실 주식시장에서는 더 많은 기업들이 상장폐지되고 주식은 휴지 조각이 되는 사례가 많지만, 기업이 부도가 난다 하더라도 정부를 비롯한 금융 당국이 적극적인 해결 노력을 하지는 않는 것이 보통이다.

하지만 채권시장은 문제가 조금 다르다. 채권 종목에 있어 문제가 생기면 해당 기업에 강력한 조치를 지시하거나 투자자를 위한 보호 대책을 강구한다. 정부가 채권투자의 책임을 질 이유는 없더라도, 채권시장을 안정적으로 유지하기 위해 채권투자자들의 눈치를 안 볼 수 없다는 것이다.

얼마 전 국내 굴지의 기업들의 도덕적 해이가 문제된 적이 있다. 그 기업들은 아무렇지도 않은 듯 파산 신청을 하고 회사채 투자자들에게 막대한 피해를 입혔다. 이때도 정부는 채권시장의 마비를 우려해 채권 안정화 대책들을 서둘러 발표하는 모습을 보였다.

현재도 회사채 신속인수제, 프라이머리 채권담보부증권 발행 확대 등 대책 마련에 부심하고 있다. 실제 어떤 제도가 실행되고 안 되고를 떠나서 항상 투자자들을 보호하려고 노력하고 있다는 점을 주목해야 한다.

물론 그렇다고 정부가 채권투자의 손실을 해결해주거나 보전해주는 것은 절대 아니다. 그만큼 강한 의지를 가지고 있다는 얘기다.

  그러니 채권투자에 대해 무조건적인 두려움을 가지고 회피하는 것은 잘못된 행동임을 기억하자.

9
무기명 채권은
왜 그렇게 시끄러운가?

얼마 전 전직 대통령의 비자금 사건과 국내 굴지의 대기업이 비자금을 조성했다는 사건이 연이어 터지면서 뜨거운 관심을 받은 것이 있는데, 이것이 바로 '무기명 채권'이다. 무기명 채권이 여타의 채권과 어떻게 다른지, 왜 권력자들과 재벌들이 그것을 선호하는지 알아보도록 하자.

무기명 채권은 생각보다 폭넓게 사용되고 있는 채권의 한 형태다. 한마디로 증권적 채권이라고도 한다. 그리고 증서 상에는 채권자가 표시되지 않는 채권이다. 무기명 수표, 무기명 주식, 무기명 사채, 철도승차권 상품권, 무기명 국공채 등이 이에 해당된다.

즉 채권을 소지한 사람만이 채권의 권리 행사를 할 수 있는 채권이라고 이해하면 된다. 채무를 요구할 수 있는 권리를 지닌 사람에 대해 명확하게 규정하지 않고, 채무자와 만기 때 받을 금액만 명시된 채권이라는 것이다. 사실 무기명채권의 정식 명칭은 '특정채권'이다. 하지만 보통 '묻지마 채권'이라는 용어로 시중에서 널리 사용되고 있다.

고액 자산가를 중심으로 무기명 채권의 수요가 상당히 많은 이유는 익명 보장 때문이다. 정부는 무기명 채권의 보유자가 누구인지 관여하지 않고, 그 자금이 어떻게 마련되었는지도 추궁하지 않는다. 또한 세금으로부터도 상당히 자유롭다. 무기명 채권의 발행은 IMF 시기로 거슬러 올라간다. 급박한 상황에서 당장 자금이 필요했던 정부는 매입 자금의 출처에 대해 세무조사를 하지 않는 조건으로 무기명 채권을 발행한 것이다. 한마디로 자금 출처를 밝히지 않아도 되는 상품인 동시에 국가에서 인정한 합법적인 절세가 가능한 투자상품인 것이다.

금융실명제법에서도 '특정채권'의 소지인은 자금의 출처에 대해 조사를 하지 않으며, 이를 과세 자료로 해서 조세를 부과하지 않는다는 규정을 두고 있다. 수십억 단위로 증여를 하는 사람이라면 관심을 가질만 하다. 예를 들어 보자. 자녀에게 현금으로 100억을 증여한다면 50억을 세금으로 내야 한다. 만약 손자에게 증여한다면 여기서 추가로 또 30%의 세금을 더 내야 하므로 총 65억을 세금으로 내야 한다. 그런데 만약 무기명 채권으로 넘겨준다면 사실상 증여세는 거의 내지 않아도 되는 것이다.

이러한 이유로 무기명 채권의 가치는 점점 올라가고 있다. 이미 정부가 많은 물량을 회수한 상황에서 유통 물량은 줄어들고, 그에 반해 잠재 수요는 늘어나면서 프리미엄이 상당히 높아지고 있는 상황이다. 절세 목적이 아니더라도 상당한 매매차익을 노릴 수 있게 된 것이다.

하지만 무기명 채권은 사실 불법적 형태의 자금 운용이라는 비난에서 자유로울 수가 없다. 또한 앞으로 무기명 채권에 대한 문제점이 지속적으로 제기된다면 법 자체를 바꿔야 한다는 목소리가 높아질 소지가 있다. 일반투자자 입장에서는 특별히 관심을 가질 필요가 없는 채권이다.

10
채권 가격이 내려도 수익 내는 방법이 있다

　금리 인상이 예상이 되는 상황이라면 만기에 이자수익을 노리는 투자방법이 아니라면 부담스러운 것이 사실이다. 또한 아무리 이자가 보장되는 만기 홀딩 전략을 구사한다 해도 지속적인 금리 인상 흐름에서 추후에 발행될 채권의 표면금리가 높게 형성될 것이므로 수익률에서 상대적으로 손해를 본다고 생각할 수 있다. 어쨌든 금리 인상 기조가 유지되면 채권투자자들의 고민이 깊어지는 것은 당연한 일일 것이다.

　하지만 채권 역시 투자상품의 하나이므로, 흐름과 추세의 영향을 받지 않을 수 없다. 금리는 상승과 하락을 반복할 것이고, 채권 가격 역시 상승과 하락 추세를 오갈 것이다. 기간의 차이가 있을 뿐 어느 정도의 폭으로는 움직일 수밖에 없는 것이 숙명이다.

　그렇다면 채권 금리가 내려 채권 가격이 상승할 때까지 마냥 기다리는 것이 옳은 것인가? 잠시 기다려서 채권 가격이 상승한다면 다행이지만, 그렇지 않다면 투자를 못 하는 것인가? 물론 그렇지는 않다. 만약 금리가 지속적으로 오를 것이 예측된다면 채권 관련 '인버스 ETF'에 투자하면 될 것이다.

인버스 ETF는 채권 가격의 하락하게 되면 오히려 수익을 내는 구조로 설계되어 있다.

3년 만기 국고채 금리가 오르는 상황에서, 국내 상장된 채권 인버스 ETF의 수익률은 오히려 플러스 수익률을 기록한 것이다. 이러한 투자 상품을 우리나라의 투자자들만 선호하는 것은 아닐 것이다. 양적 완화 축소 가능성이 있는 미국에서도 이러한 채권 인버스 ETF에 대한 관심이 증가하면서 발행량도 늘어나고 있는 상황이다.

이는 금리 인상 상황에서만 유용한 상품이 아니다. 어느 정도 헷지의 개념, 즉 리스크 관리를 위한 수단으로써도 적극적으로 활용할 수 있다는 것이다. 채권 인버스 ETF를 포트폴리오에 편입시키면 채권 가격 상승으로 수익이 났을 때 수익률이 조금 낮아질 수는 있겠지만, 채권 가격 하락시 손실을 어느 정도 메워줄 수 있다는 것이다. 많은 펀드 매니저들이나 전문 투자자들은 예전부터 이 상품을 헷지 용도로 이용해 온 것이 사실이다.

따라서 채권 가격 하락이 예상되는 시점이라 하더라도 채권을 멀리할 필요는 없다. 오히려 적극적으로 금융시장의 흐름을 이용해 수익을 내는 똑똑한 투자자가 될 수 있다.

11
STX 사태가 전화위복이 되다

채권시장의 과열 움직임 속에 2013년 초반까지만 해도 회사채는 없어서 못 팔 정도로 발행만 하면 불티나게 팔려나갔다. 하지만 최근 STX 사태의 여파와 몇몇 기업들의 법정관리, 상장채권 기한이익 상실 등에 대한 이슈가 불거지면서 회사채 시장에 있어서도 양극화 현상이 뚜렷해지고 있다.

즉 신용등급만 보고 투자하거나 업황만 보고 단순 투자하는 형태가 많이 사라지고 있는 것이다. 어떻게 보면 위기 이후에 채권투자자들의 의식이 제대로 정립되고 있고, 올바른 채권투자 환경이 조성되고 있는 것이다.

사실 STX 사태로 인해 2013년 6월과 7월은 채권에 대한 투자자들의 관심이 급격하게 줄어들게 된다. 수요예측 결과를 기준으로 한 미매각률이 70% 대까지 급등을 하게 되는 등, 회사채 기피 현상이 일어난 것이다. 그러나 점차 초우량 채권과 확실한 성장성과 안정성을 확보한 기업 중심으로 투자 심리가 살아나고 있는 상황이다.

건설 업종에서는 D건설과 D시멘트가 회사채 매각에 성공했고, 투기 등급에 속하는 기업 중에서도 기간과 금리적인 측면의 합리성이 있는 기업 중심으로 회사채 발행에 성공하는 사례를 볼 수 있다. 또한 렌트 사업 및 대부업 관련 중소기업들 역시 중소기업 기피 현상을 어느 정도 극복하고 채권 및 CP 발행에 성공하고 있다.

즉 전체적인 시장의 규모는 축소되고 있지만 알짜 채권에 대한 수요는 여전히 지속되고 있다는 반증이다. 불안감이 증폭된 시장이지만, 투자자들에게 채권의 매력이 여전히 어필되고 있다는 것은 매우 긍정적이다.

개인투자자들의 채권 투자 역사는 그리 오래 되지 않았다. 그만큼 성숙한 투자가 어려웠을 수도 있다. 최근 여러 사건 사고를 바탕으로 비 온 뒤에 땅이 굳는다는 말처럼 투자자들도 한층 성숙해지는 계기가 될 것이다.

위기는 기회로 만들고, 실패는 성공의 어머니라는 말이 있다. 2013년 대한민국 채권시장을 강타한 악재들은 채권투자가 더욱 안전하고 수익률이 높은 투자상품으로 자리 매김하는 데 도약대가 될 것이다.

주식시장에서의 개인투자자 보호에만 신경을 쓰던 정부도 이제 채권투자자 보호에도 눈을 돌리게 되었다. 건전한 채권투자를 위한 여러 가지 방안 및 조치가 속속 나오고 있다는 것도 채권시장의 미래를 위해 긍정적인 일이다.

이러한 환경 변화 속에서 올바른 판단과 정확한 정보를 기반으로 한 투자가 이루어진다면, 또 다른 큰 기회를 만들 수 있을 것이다.

채권은 여전히 채권만의 절대 매력을 가지고 있으므로……

■ 책을 마무리하며

　채권, 이제는 혼자 고민하지 말고 함께 정보를 나누자.

　지금까지 채권 투자에 대한 개념과 장점, 그리고 그에 따른 위험 전략에 대해서 알아보았다. 이 책을 정독했다면 채권에 대한 전체 그림을 그릴 수 있을 것이며, 상황별로 채권투자 하는 방법과 노하우 역시 알게 되었을 것이다. 또한 그동안 채권투자에 대해 잘못 알고 있던 부분들을 교정할 수 있었을 것이다.

　이제 독자 여러분들은 웬만한 금융 전문가들과 채권에 대한 얘기를 나누어도 밀리지 않을 정도의 기본기를 쌓은 것이다. 하지만 그렇다 할지라도 항상 잊으면 안 되는 진실이 있다. 바로 투자에 있어서는 정답이 존재하지 않는다는 것이다.

　수학 공식처럼 변하지 않는 진실이 있다면 얼마나 투자가 쉬울까? 하지만 안타깝게도 계속 변화하는 생명체와 같은 금융시장에서 당연히 투자에 대한 정답은 항상 바뀌기 마련이다. 그러므로 이 책의 내용을 숙지했다는 사실은 성공투자를 위한 자격을 갖춘 것이라 생각하면 된다. 결코 성공투자가 보장되는 것은 아닌 것이다.

이렇듯 채권은 제대로 공부하고, 올바른 투자를 하기만 하면 투자자가 원하는 결실을 가져다 줄 것이지만, 그렇지 않을 경우 생각지도 못 했던 돌발 사태에 직면할 수도 있는 것이다. 채권투자에 있어서만 유독 수동적인 자세를 지녀온 투자자 여러분들도 이제 능동적으로 자신의 투자에 대해 주도권을 가져야 할 것이다. 결국 투자에 대한 책임은 자신이 지는 것인 만큼 좀 더 공부하고, 좀 더 상황을 주시하면서 자신의 소중한 자산을 불리기 위한 노력을 하는 것이 꼭 필요하다.

그리고 또 한 가지 알아두어야 할 사실이 있다. 투자의 책임과 주도권은 개인이 가져야 하는 것이 맞지만, 뭉치면 살고 흩어지면 죽는다는 격언이 채권투자에도 적용된다는 사실이다. 거대한 금융세력과 맞서 불투명한 투자 세계에서 살아남기 위해서는 서로가 가진 정보와 의견을 공유함으로써 강한 투자자로서 거듭 태어날 수 있기 때문이다.

흔히 투자자 개개인은 서로가 경쟁자라고 생각할 수도 있다. 하지만 진짜 경쟁자이자 수익 창출이라는 우리의 목표를 방해하는 막강한 적은 변화하는 금융시장이다. 금융시장과 싸워 이겨야 살아남을 수 있는 것이다. 그런 적 앞에서 투자자 개개인은 전장에서 생사를 같이 하는 전우와 같다고 할 수 있다.

나만 알고 있는 정보, 내가 생각한 해답이 바른 길이라고 굳게 믿고 자칫 독불장군과 같은 사고방식에 빠져 투자에 실패하는 투자자들이 많다는 것은 너무나 안타까운 일이다. 넓은 시야를 확보하고 자신의 생각에 대해 비판적인 사고를 할 수 있도록 도와주는 전우를 만들어 보라. 뜻하지 않는 인맥을 형성함으로써 투자 성공을 넘어 인생의 소중한 친구를 얻게 될 수도 있다.

우리는 이 책을 통해 거대한 금융시장이라는 적군과 싸워서 승리할 수 있는 기본 지식과 정보를 갖추었다. 자, 이제 함께 싸울 수 있는 동반자와 함께 '성공투자'라는 지상 과제를 향해 거침없이 나아가도록 하자.